VAMOS CONSTRUIR UMA CASA?

Doze lições para a educação dos sentidos

RUBEM ALVES

VAMOS CONSTRUIR UMA CASA?

Doze lições para a educação dos sentidos

PAPIRUS EDITORA

Projeto gráfico: Fernando Cornacchia
Foto de capa: Rennato Testa
Coordenação: Beatriz Marchesini
Diagramação: DPG Editora
Copidesque: Lúcia Helena Lahoz Morelli
Revisão: Ademar Lopes Jr., Ana Carolina Freitas,
Caroline Nelson Vieira e Solange F. Penteado

Dados Internacionais de Catalogação na Publicação (CIP)
(Câmara Brasileira do Livro, SP, Brasil)

Alves, Rubem
Vamos construir uma casa?: Doze lições para a educação dos sentidos/ Rubem Alves. – Campinas, SP: Papirus, 2006.

ISBN 85-308-0811-8

1. Casas-Construção – Literatura infanto-juvenil 2. Literatura infanto-juvenil 3. Perguntas e respostas 4. Sentidos e sensações – Educação I. Título.

06-5399 CDD-028.5

Índice para catálogo sistemático:

1. Literatura infanto-juvenil 028.5

Exceto no caso de citações, a grafia deste livro está atualizada segundo o Acordo Ortográfico da Língua Portuguesa adotado no Brasil a partir de 2009, em conformidade ao prescrito no Vocabulário Ortográfico da Língua Portuguesa (Volp) da Academia Brasileira de Letras e suas correções e aditamentos divulgados até a data desta publicação.

4ª Edição
2011

R. Dr. Gabriel Penteado, 253 – CEP 13041-305 – Vila João Jorge
Fone/fax: (19) 3272-4500 – Campinas – São Paulo – Brasil
E-mail: editora@papirus.com.br – www.papirus.com.br

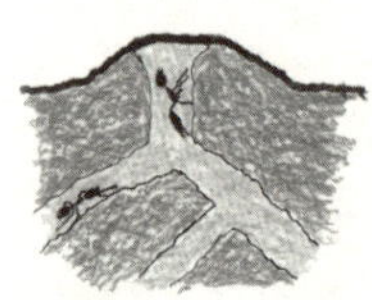

Sumário

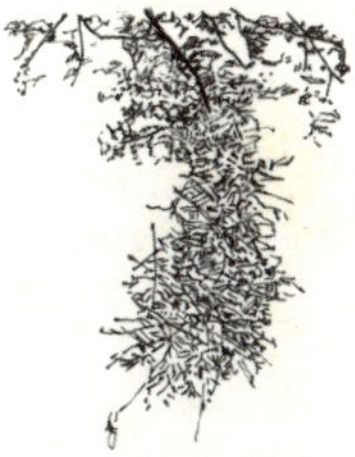

Vamos construir uma casa?

O Amyr Klink é um navegador. Navega num barco a vela. Vela é uma armadilha para pegar o vento. O vento tem força. Os barcos a vela navegam movidos pela força do vento. O vento vem, bate nas velas e empurra o barco.

Antes das velas, era preciso remar para fazer o barco navegar. Mas remar exigia a força dos braços do navegador. Dava muita canseira e dor nos músculos. Mas aí, um dos nossos antepassados descobriu que o vento faria o serviço dos remos e o homem poderia então fazer outras coisas. Poderia ficar deitado, contemplando as nuvens, ou pescando, enquanto o vento fazia o seu trabalho...

Toda a nossa história passada, desde os homens que moravam nas cavernas (as cavernas foram as primeiras casas dos homens), é a história dos homens aprendendo a fazer a natureza fazer o trabalho por eles. Os moinhos de vento, os moinhos de água, o arco e a flecha, as alavancas, os monjolos, o fogo... A lâmpada, o chuveiro elétrico, a televisão, a geladeira: tudo começa numa máquina de domar a natureza que os homens inventaram: uma queda de água que faz girar uma roda enorme chamada turbina, que produz a eletricidade.

Pois o Amyr Klink, navegador que faz o vento empurrar o seu barco, já fez as viagens mais incríveis pelo mundo todo. Foi até a Antártida. Na Antártida tudo é gelo. Lá não há árvores. Tudo é branco. Nus, na Antártida, morreríamos em poucos minutos. E o mais incrível das navegações do Amyr Klink é que ele navega sozinho. Já imaginou? Sozinho, no meio daquele mar sem fim... Eu não teria coragem. Teria medo.

O Amyr Klink não é só navegador. Ele pensa sobre as escolas. As escolas são importantes porque nelas aprendemos a usar as forças da natureza. As ciências chamadas física e química nos ajudam a entender e a usar as forças da natureza. E, embora vocês não acreditem, também um joguinho chamado matemática. Foi fazendo uso da matemática que os homens chegaram à Lua.

➔ Perguntaram ao Amyr Klink: "Qual é a escola que você desejaria para os seus filhos?". Ele respondeu: "A escola que eu desejaria para os meus filhos é uma escola que há na ilha Faroe. Lá as crianças aprendem tudo o que devem aprender construindo uma casa *viking*...". Quem eram os *vikings*? Eram um povo guerreiro que, nas suas incursões de pilhagem, usavam barcos de uma vela só e remos.

➔ Antártida é um continente que se localiza bem no sul da Terra, à volta do Polo Sul. Você sabe o que é sul? "Sul" é uma direção. Há quatro direções principais: "norte", "sul", "leste" e "oeste". São chamadas "pontos cardeais". O leste é a direção do lugar onde o Sol nasce. Se você quiser que os quartos da casa recebam o sol pela manhã, eles deverão estar voltados para o leste. Os navegadores antigos, para saber em que direção navegar e para não navegar na direção errada, tinham de saber identificar os quatro pontos cardeais. Eles sabiam as direções na Terra olhando para as estrelas do céu. A constelação do Cruzeiro do Sul indica a direção do sul (você não sabe o que é uma constelação? É um conjunto de estrelas). Se você olhar para o céu estrelado às 19 horas, verá as estrelas numa determinada posição. Se olhar de novo às 23 horas, perceberá que é como se o céu tivesse girado do leste para o oeste.

Mas o céu não girou. Foi a Terra que girou. Se as estrelas parecem girar do leste para o oeste, a realidade é que a Terra gira do oeste para o leste. Assim, o movimento aparente do céu indica as direções "oeste" e "leste". Cecília Meireles escreveu um poema sobre um barco que navega. Para indicar a rota do barco ela escreveu: "Vimos as Plêiades. Vemos agora a Estrela Polar". "Plêiades" é uma constelação.

➔ O que é "polo"? É fácil. Peça para o seu pai lhe ensinar a girar uma moeda sobre a mesa. A gente põe a moeda em pé, apoiada na mesa, e a segura com a ponta do dedo indicador. Aí, dá um piparote na moeda. A moeda gira, sem cair, em torno de uma linha invisível que se chama "eixo". "Polo" são os dois pontos do "eixo", um embaixo, outro em cima. Tudo que gira tem um "eixo" e dois "polos". A Terra gira em torno de si mesma. Tem também um eixo e dois polos, o Polo Norte e o Polo Sul.

➔ Veja o globo terrestre. Encontre os dois polos.

Eu concordo com o Amyr Klink. Para aprender uma coisa é preciso fazê-la. Para andar de bicicleta é preciso... andar de bicicleta. Não se aprende a andar de bicicleta ouvindo lições de como andar de bicicleta. Para aprender a nadar é preciso entrar na água. Não se aprende a nadar por correspondência. Construindo uma casa, a gente aprende muita coisa fundamental. "Fundamental" é uma palavra que vem de "fundamento". Numa casa o "fundamento" é o alicerce, a primeira coisa que se faz com pedras, cimento e barras de ferro. Sobre esse fundamento pode-se construir a casa. Se não houver o alicerce como fundamento, a casa corre o risco de cair. A mesma coisa é verdadeira para os conhecimentos: há conhecimentos fundamentais sobre os quais se podem colocar outros.

Mas não será muito difícil construir uma casa?

É muito difícil. Mas há um truque: a gente pode "imaginar" que está construindo uma casa. Tudo que a gente faz começa na imaginação. Imaginar é ver na cabeça uma coisa que ainda não existe na realidade. A primeira coisa que faço quando vou fazer um papagaio, uma pipa, é "imaginar" o papagaio na minha cabeça: o seu tipo (há muitos tipos de papagaio, alguns que são do tamanho de uma casa!), o seu tamanho, as suas cores, as ferramentas e os materiais que vou usar: tesoura, canivete, serra, linha, cola, papel... O mesmo é verdadeiro para uma casa.

A primeira coisa é imaginar a casa, como se estivesse pronta. Será casa de um ou dois andares? As telhas serão vermelhas? E as paredes? De que cor serão pintadas? A casa terá uma chaminé para um fogão de lenha ou uma lareira? Terá um jardim na frente? Para que lado vai estar virada?

Aí, é preciso desenhar essa casa no papel, para que os pedreiros e carpinteiros que vão construir a casa saibam como a imaginei. Quem faz esse desenho é o *arquiteto*.

Será preciso, então, fazer uma lista dos materiais que terei de usar para construir a casa.

➔ Faça uma lista dos materiais que se encontram na sua casa. Começando com tijolo, cimento, areia...

As casas

Muitos mil anos atrás, antes que os homens soubessem construir casas, os animais já construíam as suas. Eles já nascem sabendo. Não é preciso que ninguém os ensine. Não precisam ir à escola para aprender. Nós não nascemos sabendo. Temos de inventar as nossas casas. E para inventar temos de pensar.

Veja estas casas de animais:

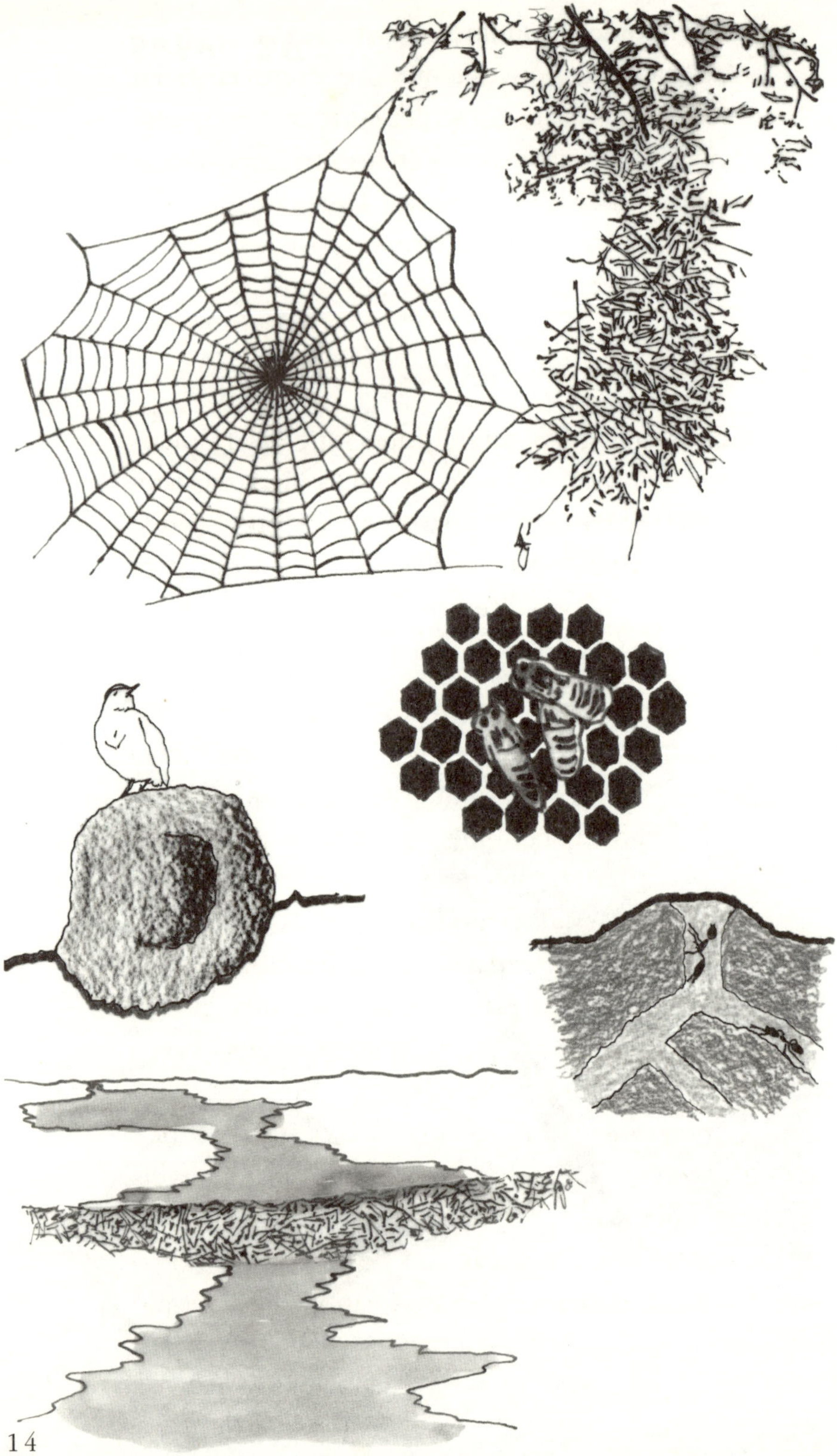

Nós, homens e mulheres...

(Até há bem pouco tempo se escrevia assim: "Nós, homens...". Não era preciso dizer "mulheres". Era como se as mulheres não tivessem importância. Aí, elas protestaram, com razão. Disseram que isso era "preconceito". Agora é preciso dizer sempre "homens e mulheres" ou "seres humanos".)

➔ Eis aí um assunto para ser discutido em classe: o preconceito. "Preconceitos" são ideias más que temos sobre grupos de pessoas. Há preconceitos de muitos tipos: contra as mulheres, contra os negros, contra pessoas de uma religião diferente, contra homossexuais. (Escrevi um livro para crianças sobre o preconceito contra os homossexuais. Acho que você gostará de lê-lo: *O gato que gostava de cenouras*.)

Nós, homens e mulheres, organizamos os bichos em famílias. Por exemplo, há a grande família dos peixes, dentro da qual estão muitas famílias menores: tubarões, lambaris, piranhas, carpas, sardinhas, bacalhaus, pescadas, espadinhas – tão diferentes! Há a grande família das aves, dentro da qual se encontram as famílias menores dos urubus, dos canários, dos gansos, dos sabiás, dos quero-queros, dos beija-flores... Há a família dos cães, dentro da qual estão as famílias menores dos são-bernardos, dos *weimaraners*, dos *boxers*, dos dálmatas, dos *cocker spaniels* e muitas outras. Na família dos répteis estão as cobras, desde cobras bem pequenas até cobras enormes, que são capazes de engolir um porco sem mastigar, cobras inofensivas (inofensivo = que não ofende, que não faz mal) e cobras venenosas: cascavel, urutu, naja, jararaca, coral...

* * *

Quando eu era pequeno, na escola a professora ensinou que os animais se dividem em duas grandes famílias: a família dos animais "úteis" e a família dos animais "nocivos". Animal útil é um animal que pode ser usado pelos homens. Lembre-se do que eu disse, que a nossa história é a história dos homens pondo a natureza a seu serviço. Os homens aprenderam a pôr os animais a seu serviço. Aprenderam a utilizar-se de alguns animais: vacas, cães, cabritos, ovelhas, abelhas, cavalos, camelos – e muitos outros. Animal nocivo é um animal que faz mal aos homens. Será que você pode fazer uma lista de animais úteis e uma lista de animais nocivos que você conhece?

➔ Se os animais pensassem, eles nos poriam na família dos animais úteis ou na dos animais nocivos?

Preste atenção nas duas primeiras casas: uma concha grande e dura que se encontra no mar e uma concha pequena e frágil que se encontra em qualquer lugar úmido de um jardim. Não são iguais. Mas são parecidas. Têm a mesma "forma". As duas têm uma forma "espiral". Espiral é isto:

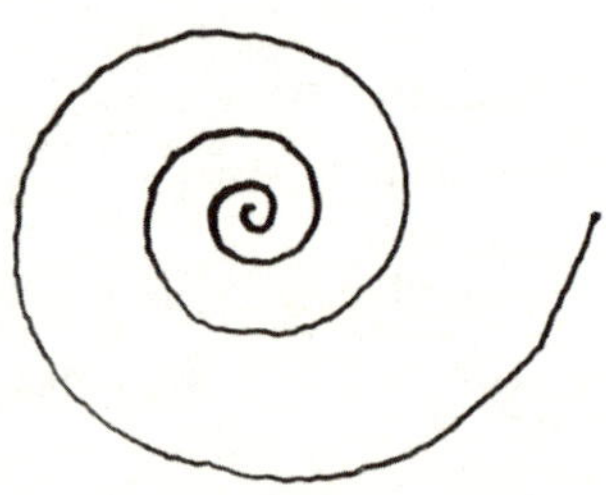

Essas duas casas são feitas por animais que pertencem à família dos *moluscos*. Molusco quer dizer "mole". Os moluscos são animais sem cérebro, de corpo mole. Parecem uma gelatina.

Agora preste atenção na casa que eles fazem. São obras de engenharia. Os caramujos já nascem engenheiros. Suas casas são feitas com um composto químico chamado carbonato de cálcio. Então, os moluscos sabem química. Não sabem química com a cabeça. Sabem química com o corpo.

O corpo sabe muitas coisas sem precisar pensar: as batidas do coração, o piscar, o andar, o reequilibrar-se depois de um tropeção: essas coisas o nosso corpo sabe sem precisar pensar.

Mas as casas dos moluscos são também obras de arte. São bonitas. Eu acho as conchas dos moluscos tão bonitas que tenho muitas delas sobre uma mesa. Os moluscos são engenheiros, químicos e artistas, sem haver aprendido...

Olhe agora para a teia de *aranha*.

É um bordado complicado que nenhuma pessoa conseguiria fazer. Mas a aranha já nasce sabendo, sem ter tido um professor para ensiná-la. Ela tira os fios para a sua teia de dentro do seu corpo. O corpo da aranha sabe fazer o fio sem ter aprendido.

A quarta casa é um ninho de um pássaro chamado *guaxo*. É do tamanho de uma jaca. É feito com gravetinhos que o guaxo vai tecendo em torno de um ramo vertical de uma árvore. Eu sempre me pergunto: "Como é que o guaxo põe o primeiro graveto?". Eu jamais seria capaz de construir um ninho de guaxo. Não saberia como colocar o primeiro graveto. Mas os guaxos fazem seus ninhos de maneira perfeita.

Você já viu uma casa de *joão-de-barro*? Como o nome está dizendo, sua casa é feita de barro. Como será que o joão-de-barro inventou esse jeito de fazer casa – tão diferente das casas dos outros pássaros? O joão-de-barro é um pedreiro. Acho que ninguém sabe como foi que o primeiro joão-de-barro inventou a sua casa. E o mais interessante: todos os joões-de-barro nascem sabendo fazer as suas casas, que são todas parecidas: têm a mesma forma.

Depois é uma casa de *abelhas*. Ela é feita com cera que as abelhas mesmas produzem. Preste atenção nos buraquinhos. Todos têm a forma de "hexágonos" perfeitos. "Hexágono" é uma figura de seis lados. "Triângulos" são figuras de três lados; "quadrados" são figuras de quatro lados; "pentágonos" são figuras de cinco lados. Quanto mais lados, mais a figura vai se parecendo com "círculo". O "círculo" é uma figura de tantos lados que não se pode dizer quantos: um número infinito de lados...

Depois vem um formigueiro, que são as casas das *formigas*. Os formigueiros têm uma entrada pequenininha, mas dentro da terra é um complicado labirinto de túneis.

Você não sabe o que significa a palavra "labirinto"? Há um livro em que se encontram todas as palavras, em ordem alfabética, com os seus sentidos. É o "dicionário".

O que é ordem alfabética? É a ordem das letras: a, b, c, d, e, f...

Você abre o dicionário na letra "L" e procura a palavra "labirinto". Lá está escrito: "Labirinto: jardim ou palácio de feitio tão complicado que é muito difícil acertar a saída". Na cidade de Nova Petrópolis, no Rio Grande do Sul, há um labirinto feito com plantas, num jardim. Entrei lá e depois não encontrava a saída. Foi preciso que alguém me ajudasse. Assim são os formigueiros. Só que as formigas nunca se perdem dentro dele.

➔ Os gregos* de muitos séculos atrás contavam a estória de um labirinto onde morava um touro ferocíssimo. Teseu, um herói, entrou no labirinto para matar o touro. Mas, para que ele não se perdesse, uma jovem chamada Ariadne lhe deu um novelo de linha que ele ia desenrolando à medida que entrava no labirinto. Para sair, era só seguir o fio do novelo. João e Maria, para não se perderem no labirinto da floresta, foram jogando pedrinhas no caminho.

A última casa é uma represa que os *castores* fazem. Para fazê-las, eles cortam árvores com seus dentes.

* * *

a b c d e f g

* Os gregos são aqueles que habitaram e habitam a Grécia. Procure a Grécia num mapa. Depois vamos falar sobre os mapas, porque é impossível viver sem eles.

Como será que os homens, muitos e muitos mil anos atrás, tiveram a ideia de fazer uma casa?

Os nossos antepassados tiveram de *inventar* a primeira casa. Inventar é fazer uma coisa que não existia antes. Se não existia antes, eles não podiam copiar. Tiveram de fazer a casa na imaginação.

Imagine esta cena. Chovia. Soprava um vento frio. Debaixo de uma árvore, um bando de homens, mulheres, crianças, todos nus e molhados, tiritando de frio. Anote isto: *quando o corpo sofre, a cabeça pensa.* Se o corpo não sofre, a cabeça não pensa. A cabeça pensa para que o corpo pare de sofrer. O corpo, sofrendo, perguntou à cabeça: "O que fazer para não ficar molhado com a chuva?". A cabeça pensou e disse: "É só entrar numa caverna...". Pronto! Estava inventada a primeira casa!

Caverna é um buraco grande numa montanha. Há cavernas pequenas e outras muito, muito grandes e muito profundas. Fiquei sabendo de uma caverna que tem mais de 1.800 metros de profundidade.

Uma caverna foi a primeira casa do homem. Foi a necessidade que fez o homem pensar. Muitas cavernas que foram, um dia, morada dos nossos antepassados foram por eles decoradas com desenhos que representavam a sua vida.

Na cidade de Granada, na Espanha, há todo um bairro feito de cavernas. Aconteceu assim. Há alguns séculos, os judeus que moravam na Espanha, por *preconceito* da Igreja Católica, começaram a ser perseguidos. Foram expulsos da cidade onde moravam. Sem ter casas, refugiaram-se numas grutas naturais que havia numa colina. Mas o espaço das cavernas não era suficiente para todos. Aí, os que não cabiam nas cavernas naturais começaram a cavar cavernas... Aquela colina é hoje um bairro onde moram muitas pessoas. Só que, de fora, ninguém imagina que são cavernas, porque os moradores construíram fachadas iguais às das casas. Quando se entra nas casas, descobre-se que são cavernas, porque não têm janelas...

Num lugar onde não havia cavernas para se abrigar, a cabeça teve de encontrar uma outra solução. E foi então que se pensou numa coisa que parecesse com uma caverna: proteção por cima, proteção dos lados, um jeito de entrar e sair. Estava inventada a primeira casa construída. Todas as casas, inclusive aquela em que você mora, não passam de cavernas melhoradas...

* * *

➔ Leia o livro com as aventuras de Robinson Crusoé. O navio em que ele viajava naufragou e ele teve de sobreviver sozinho numa ilha. Veja como ele construiu a sua casa... Seria legal que alguém lesse esse livro para você...

Veja estas casas.

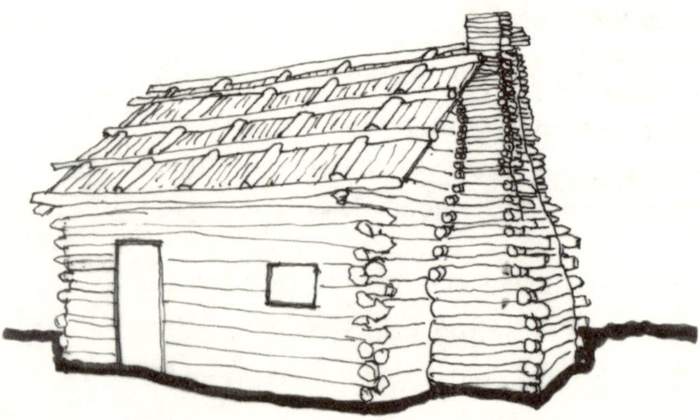

O caramujo leva sua casa nas costas por onde quer que vá. Uma das casas acima também pode ser levada por onde quer que se vá. Qual é?

Este homem debaixo do guarda-chuva sofreu como os homens primitivos debaixo da chuva. A roupa ensopada, a chuva escorrendo pelo rosto, ele imaginou uma casinha portátil que pudesse ser levada debaixo do braço... Do seu sofrimento com a roupa ensopada nasceu o guarda-chuva. Li em algum lugar que na primeira vez que ele abriu seu guarda-chuva recém-inventado na rua todo mundo riu dele... É sempre assim. As pessoas se riem daquilo que é diferente. Tolas.

Procure a casa de homens que se parece, na sua forma, com a casa de joão-de-barro. Qual é?

Quando é que a gente diz que uma coisa se *parece* com a outra?

Observe estas coisas:

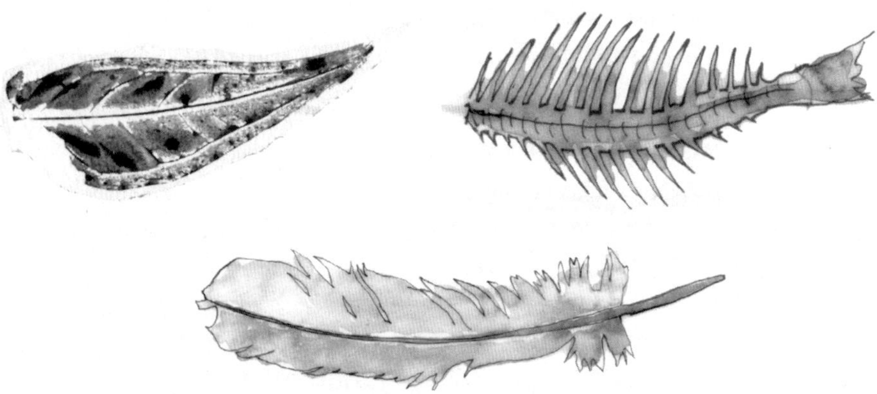

São coisas diferentes. Mas elas se parecem umas com as outras.

Por quê? Desenhe o que faz com que elas sejam parecidas.

Isso que você desenhou se chama *forma*.

A gente diz que uma coisa se parece com outra quando as duas têm a mesma forma. Uma roda de bicicleta, uma margarida, um CD, uma moeda têm todos a mesma forma: a do círculo.

A casa do joão-de-barro e o iglu têm *forma* parecida – embora sejam diferentes na cor, no tamanho e no material de que são feitos. A primeira é marrom. O segundo é branco. A primeira é feita com barro. O segundo, com gelo. O iglu tem de ser grande para nele caberem um homem, uma mulher e um nenezinho. A casa do joão-de-barro tem de ser grande o suficiente para que nela caibam um casal de passarinhos e seus filhotinhos.

O iglu é uma casa feita com pedaços de gelo colados uns nos outros.

Como é que os pedaços de gelo se colam uns nos outros para fazer um iglu? Faça você mesmo a experiência: pegue dois cubos de gelo na geladeira, coloque um junto do outro e jogue um pouco d'água no lugar onde eles se encontram. Eles ficarão colados. Por que eles ficam colados um no outro? Cuidado, porque sua mão poderá ficar colada no gelo...

Por que será que os esquimós fizeram suas casas como semiesferas? Esfera é uma bola. Semiesfera é uma bola cortada ao meio. Não poderiam ter feito

um iglu no formato de uma caixa, como nossas casas? O que aconteceria se eles tentassem fazer seus iglus na forma de uma caixa?

O curioso é que, dentro do iglu, feito de gelo, é quentinho. Por que o iglu é quentinho por dentro? Pela mesma razão pela qual é quentinho debaixo do cobertor... Quando, numa noite fria, a gente entra debaixo do cobertor, está frio. Aos poucos, entretanto, vai ficando quente. Não é o cobertor que esquenta. Fica quente porque o cobertor não deixa que o calor do nosso corpo saia. O gelo do iglu e o cobertor só fazem guardar o nosso calor.

Cada animal faz sua casa sempre com a mesma forma. Mas os homens inventam casas com formas que não são iguais. As casas são feitas combinando-se várias formas diferentes.

Uma casa toda doida está numa canção do Vinicius de Moraes:

Era uma casa muito engraçada
não tinha teto, não tinha nada.
Ninguém podia entrar nela não
porque a casa não tinha chão.
Ninguém podia dormir na rede
porque a casa não tinha parede.
Ninguém podia fazer pipi
porque penico não tinha ali.
Mas era feita com muito esmero
na rua dos bobos
número zero.

Tem jeito de desenhar essa casa? Por quê?

Outra casa divertida é a da bruxa, da estória de João e Maria. As paredes eram de pão-de-ló; as telhas, de chocolate; os vidros, de açúcar cristal; as cercas, de biscoitos...

Há um grande desenhista, conhecido por seu sobrenome – Escher, que usava da perspectiva para fazer uns desenhos bem malucos. Procure na Internet ou em enciclopédias conhecer os desenhos dele.

Ele bolou umas casas geniais, impossíveis de construir de verdade. Elas têm escadas e colunas que atravessam de um plano para outro. Você vai gostar.

Os pintores pintam coisas que não existem. Para pintar coisas que não existem, eles usam a imaginação. Você pode procurar casas pintadas por outros artistam também. Conforme a época e o lugar em que o pintor viveu, os países que conheceu, ele representava as casas de um jeito. Há também o *estilo* de cada pintor. Há o estilo primitivo, o cubista, o impressionista e tantos outros.

Estamos acostumados a ver casas que foram pintadas com o artista estando de pé, com os pés no chão.

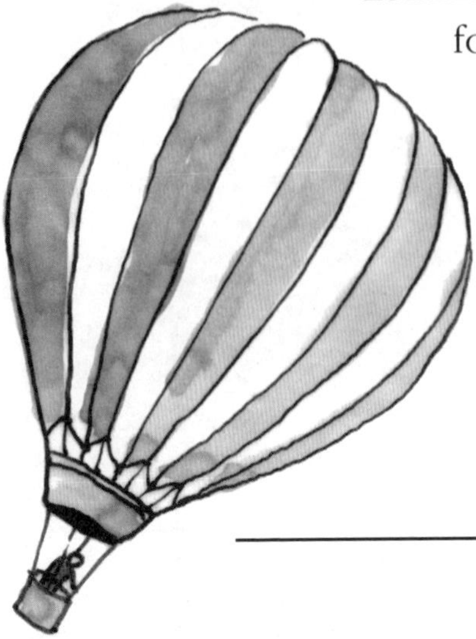

Agora, vamos fazer de conta que você subiu num balão e está olhando as casas lá do alto.

É você que está no balão! Olhe para baixo e desenhe o que você vê.

E agora vamos fazer uma brincadeira. Vamos tirar o telhado da casa, na imaginação. Se você tirar o telhado da casa, o que é que você vai ver? Desenhe o que você vai ver.

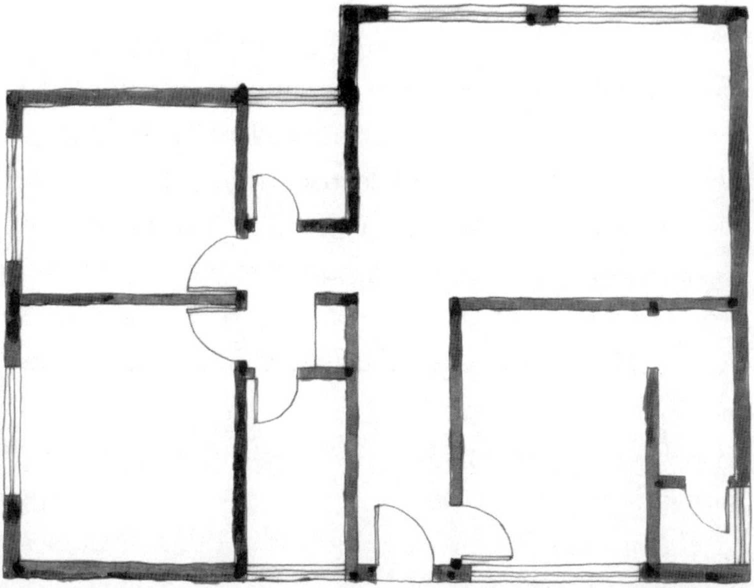

Esse desenho da casa, vista de cima, sem telhado, tem o nome de *planta*. A "planta" é um *mapa* da casa. É isso que os arquitetos desenham antes que a casa exista, para a gente ver como vai ser o espaço da casa, depois de construída. A planta é uma criação da imaginação do arquiteto, porque a casa ainda não existe.

Para desenhar a planta de uma casa você vai necessitar de:

- uma folha de papel;
- um lápis;
- uma borracha, para apagar quando o seu traço a lápis estiver errado;
- uma régua, para fazer linhas retas e para medir;
- um esquadro.

A planta de uma casa não pode ser do tamanho da casa. Ela ficaria enorme. Seria impossível colocá-la sobre uma mesa. Para fazer uma planta menor que a casa, os engenheiros fazem uso de um truque. Eles "fazem de conta", por exemplo, que 1 centímetro na planta vale 1 metro na casa de verdade. Pegue uma régua e meça quantos centímetros tem a parede direita. Então, quantos metros terá a parede da casa pronta?

Esquadro é um tipo de régua que serve para marcar ângulos.

Ângulos acontecem quando duas linhas se encontram. Assim:

As portas, as mesas, as paredes, as janelas são construídas com ângulos retos. Nessa planta as paredes formam ângulos retos. Se não fossem retos, a casa ficaria assim:

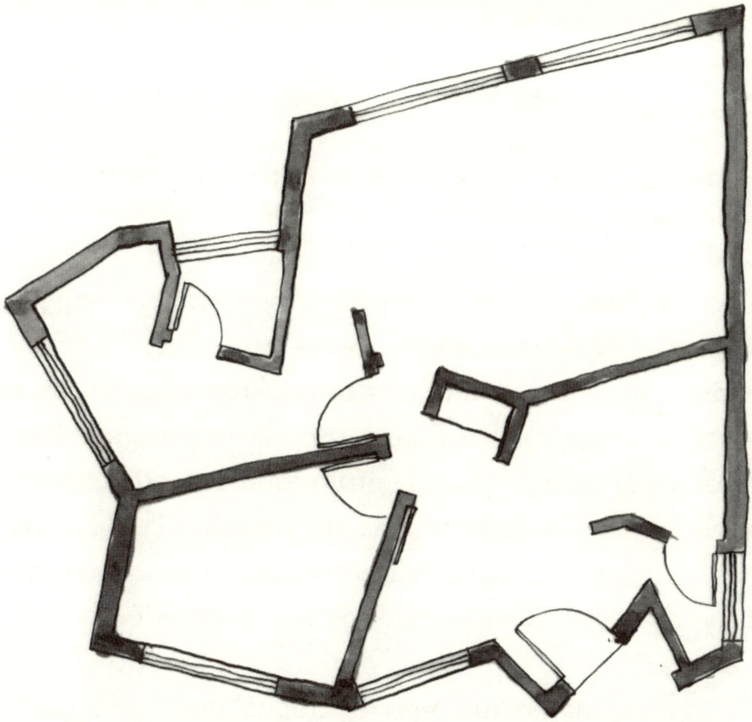

Faça uma planta da sua casa!

As ferramentas

Ferramentas são objetos que inventamos para fazer coisas: tesoura é ferramenta para cortar papel e pano; faca é ferramenta para cortar pão e passar manteiga; agulha é ferramenta para costurar e pregar botões; martelo é ferramenta para pregar pregos.

O corpo é feito com muitas ferramentas. Os dentes, por exemplo. Os dentes da frente, de corte comprido, têm o nome de incisivos. Servem para fazer incisões. Incisão é um corte como uma linha. Os médicos, para operar, fazem incisões no corpo. A função destes dentes é parecida com a dos bisturis. Depois vêm os dentes pontudos, ao lado dos incisivos. São os caninos. Parecem-se com os dentes dos cães e dos vampiros. Servem para furar. E depois, até o fim das gengivas, vêm os molares. Em muitas estórias antigas aparece um homem com a profissão de "moleiro". O moleiro era o dono do moinho. O moinho era uma máquina que triturava milho ou trigo por meio de uma pedra redonda, pesada, que girava na horizontal e se chamava "mó". "Mó", molar: são os dentes que moem, esmagam, trituram a comida.

Já as pernas são ferramentas de andar e servem também como armas de defesa, para chutar ou correr... As mãos são ferramentas de pegar. Elas pegam de tantas formas diferentes: pegam um minúsculo alfinete caído no chão, com o polegar e o indicador, fazendo um "O"; pegam o garfo, o guidão da bicicleta, a alça de uma mala.

A nossa inteligência nasceu das mãos. Foram as nossas mãos que nos tornaram *construtores*, especialmente pela posição do polegar em relação ao indicador. Imagine que no lugar do polegar nós tivéssemos um dedo igual ao indicador. Nossas mãos seriam iguais às mãos dos macacos. Conseguiríamos agarrar um galho, mas não seríamos capazes de fazer os gestos mais delicados. Por exemplo: segurar um palito de fósforo, segurar um bisturi, jogar varetas... Você conseguiria riscar um fósforo usando o indicador e o dedo médio? Ou enfiar uma linha no buraco da agulha? Também foram as mãos que nos tornaram *artistas*: pianistas, violinistas, violeiros, pintores, escultores, cozinheiros, bordadeiras. São os meus dedos que me permitem usar o computador. E limpar o nariz! Como é gostoso limpar o nariz com o dedo indicador! Mas é feio. Não é bonito sua mãe ou seu pai limpar o nariz diante das visitas! Limpar o nariz com o dedo indicador – isso só no banheiro...

Agora imagine que seu pai quer ler o que está escrito na bula de um remédio (bula = explicações que se encontram dentro das caixas dos remédios e que dizem o que eles podem fazer de bem e o que eles podem fazer de mal). Mas as letras são muito pequenas. Talvez ele não consiga enxergar bem. Aí, ele pega uma ferramenta, os óculos, e consegue ler. Quem inventou os óculos queria melhorar os olhos que enxergavam mal. Os óculos são ferramentas para ver melhor. O coração também é uma ferramenta, uma bomba de bombear sangue. Se a bomba parar, morremos.

Que outras partes do corpo são ferramentas?

Todas as ferramentas que inventamos são melhorias das ferramentas não inventadas, que nascem conosco.

Martelo é melhoria da mão.

Binóculos, microscópios e telescópios são melhorias dos olhos.

Bengala e bicicleta são melhorias das pernas.

Telefones são melhorias da boca e dos ouvidos. É isso que o nome quer dizer: "tele" = longe, e "fone" = som. Assim, telefone é uma máquina para fazer o som ir longe.

Liquidificadores são melhorias das facas. Dentro do liquidificador, há faquinhas afiadas que giram. Essas faquinhas, como todas as facas, são melhorias das unhas e dos dentes.

➔ Lembre-se: ferramentas são todos os objetos que usamos para fazer coisas. Que ferramentas você usa durante o dia?

Os animais não precisam inventar ferramentas para construir suas casas porque suas ferramentas naturais, isto é, as ferramentas que nascem com eles, que são partes do corpo deles, são adequadas para fazer tudo o que necessitam: unhas, bicos, dentes, garras, patas, asas, ferrões, chifres.

Nossas ferramentas naturais não podem se comparar às ferramentas dos animais. Nossas unhas são fracas; quebram facilmente; não se prestam a cavar buracos como os tatus. Nossos dentes são fracos; não se prestam a cortar árvores como os castores. Nossas pernas são muito fracas; não se prestam a correr como os avestruzes ou a saltar como os gafanhotos.

Foi aí que o homem começou a pensar. Pensou em como melhorar o corpo para torná-lo mais forte.

Um homem queria comer uma noz. Tentou abri-la com a mão. A mão era fraca. Não conseguiu. Tentou quebrá-la com os dentes. Os dentes eram fracos. Não conseguiu. Mas ele queria comer a noz! Aí, ele viu uma pedra, segurou-a e quebrou a noz! Estava inventado o martelo! Depois, encontrou-se com um lobo que queria comê-lo. Não podia fugir – suas pernas eram lerdas – e não podia lutar com o lobo – não tinha dentes afiados nem garras. Então ele viu um pedaço de pau, agarrou-o e bateu na cabeça do lobo, que fugiu ganindo. Estava inventado o porrete. Depois, por acidente, machucou-se com uma ponta afiada de pedra que lhe tirou sangue. Olhando para o seu sangue que escorria e para a ponta afiada, percebeu que o pau que usara para espantar o lobo seria mais eficaz se tivesse uma ponta afiada como a pedra que o ferira. Mas como fazer uma ponta no porrete? Com as mãos? Com os dentes? Ele teve de inventar uma ferramenta, uma pedra afiada como os dentes incisivos, para cortar o pau. Estava inventado o machado. Com o machado, fez uma ponta no porrete e afiou-a. Estava inventada a lança, à semelhança dos dentes caninos, que fazem furos.

Para construir suas casas, o homem teve de inventar ferramentas. Ferramentas para cavar, para cortar árvores, para amarrar os paus. Para construir suas casas de pau a pique, os nossos caipiras precisavam das seguintes ferramentas: enxada, enxadão, machado, facão, canivete, embira.

Você não sabe o que é embira? O dicionário sabe...

Para fazer as casas de madeira são necessárias as seguintes ferramentas, entre outras: enxadas, enxadões, picaretas, serrotes, puas, chaves de fenda, alavancas, martelos, pregos, alicates, fios de prumo, níveis, trenas, réguas, lápis, serras para cortar metal e tubos de PVC.

Para as casas de alvenaria, que são feitas com tijolo e argamassa, são necessárias também colheres de pedreiro, que servem para mexer na argamassa. Argamassa é aquela mistura de areia, cal, cimento e água que se põe entre os tijolos, para colar uns nos outros.

É o cimento que faz a argamassa ficar dura. Nas construções antigas, não se usava cimento porque não havia. Nas casas pobres, de pau a pique, a massa era feita com uma mistura de barro e cocô mole de vaca. Barro sozinho racha com o calor do sol. Misturado com o cocô mole de vaca, o barro fica mais forte.

Os incas eram uma civilização muito adiantada que viveu na Cordilheira dos Andes por muitos séculos. Os espanhóis, que invadiram o nosso continente junto com os portugueses, destruíram o que encontraram. Inclusive a civilização inca. Machu

Picchu é o nome de uma cidade sagrada que os incas construíram, no alto de uma montanha, no meio da selva. Suas casas eram feitas de pedras enormes que eles cortavam com tanta precisão que não era necessário usar qualquer massa para colar umas nas outras. Para cortar as pedras com tal perfeição, suas ferramentas tinham de ser muito boas.

Numa das cidades históricas de Minas Gerais, há uma igreja inacabada. É a igreja dos pretos escravos. Aconteceu que a escravidão foi abolida enquanto a construção estava sendo feita. Livres, os pretos pararam de construir. Visitando a construção inacabada, fiquei curioso com a "coisa" que eles usavam para colar as pedras de maneira tão sólida. O guia me disse que usavam óleo de baleia.

➔ Agências de turismo são ótimos lugares para aprender geografia e história. Elas distribuem gratuitamente folhetos sobre lugares interessantíssimos. Vá a uma agência de turismo e peça um folheto sobre Machu Picchu.

➔ Para conhecer as ferramentas, faça uma visita a uma loja de ferragens e peça que alguém lhe mostre algumas e lhe explique seu uso. Seria legal trazer à escola um pedreiro para mostrar a vocês as ferramentas que ele usa para construir uma casa. E um carpinteiro para mostrar as ferramentas que ele usa para fazer as partes de madeira da casa. E um eletricista... E um encanador... E um vidraceiro... Professores e professoras não sabem todas as coisas. Mas há, ao redor da escola, muitas pessoas que sabem coisas! Vocês aprenderiam muito e essas pessoas ficariam felizes se fossem convidadas a explicar o que fazem.

➔ Ferramentas são brinquedos muito interessantes. Aprendi a usar as ferramentas quando menino para fazer os meus brinquedos. Isso me dava grande prazer. Você tem uma caixa de ferramentas? Uma sugestão: há pessoas que colecionam moedas, outras colecionam selos... Pablo Neruda, poeta chileno, colecionava conchas. Você poderia colecionar ferramentas... Diga a seus pais, avós, tios e amigos que você vai colecionar ferramentas! Dentro em pouco, você terá uma oficina completa!

➔ A nossa história, a história dos seres humanos, que se iniciou há milhares de anos quando os nossos antepassados começaram a inventar ferramentas, é muito interessante. Monteiro Lobato escreveu um livro com o título *A história das invenções*. Lendo sobre como as ferramentas foram inventadas a gente aprende os caminhos dos nossos antepassados e os caminhos dos seus pensamentos. Eu gosto de fazer uma brincadeira com meus pensamentos. Vendo um objeto qualquer, eu me pergunto: "Como será que ele foi inventado?".

➔ Um escritor argentino, Júlio Cortázar, escreveu, de brincadeira, uma história das invenções, começando em tempos recentes e indo para trás. É muito engraçada. Começa com o avião supersônico, que é o mais moderno, mais rápido que o som e voa a grandes alturas. Se uma viagem em avião normal dura oito horas, no supersônico ela dura duas horas. Aí, os homens pensaram que seria melhor passar mais tempo no avião, longe dos telefones e dos chatos, descansando, lendo um livro e voando mais baixo para ver as coisas na Terra. Inventaram então os aviões subsônicos, que são esses que usamos. Depois inventaram o avião com hélice para descansar mais e ver as paisagens mais de perto. Depois, pensando que a vida é boa e que é bom ter um tempo de vagabundagem, inventaram os navios movidos a óleo diesel, que navegam mais devagar do que voam os aviões. Os navios são como hotéis de luxo: cinema, restaurantes, piscinas... Mas eles têm uma desvantagem: soltam fumaça pelas chaminés e poluem. Aí, os homens, preocupados com a poluição, inventaram os navios a vela. Navios a vela não têm chaminés nem soltam fumaça. São movidos a vento. Mais econômicos, porque o vento não custa nada. Não poluem. Preservam a pureza do ar. Pensando nos transportes terrestres, inventaram os automóveis, uma praga, congestionamento de tráfego, pessoas nervosas, brigas, muitos gases, mais poluição. Mas, como são inteligentes, os laboratórios se puseram a trabalhar num meio de transporte terrestre que não usasse combustível e não poluísse. Inventaram então a bicicleta. Bicicleta não tem problemas de estacionamento e não é preciso se preocupar com a crise do petróleo. Além disso, faz bem à saúde. Agora estão a ponto de inventar o mais inteligente, o mais barato, o mais saudável, o mais limpo meio de transporte: andar a pé...

O fogo

Como eram as primeiras casas, as cavernas? Nas cavernas, as coisas mais importantes eram: primeiro, o buraco na montanha onde as pessoas se abrigavam; segundo, um fogo no meio do abrigo. O fogo dava luz, dava calor, e nele se assava a carne. Era preciso que o fogo ficasse dentro, porque, se ficasse fora, com a primeira chuva ele apagaria – e naquele tempo não havia fósforos. Era muito difícil acender o fogo.

Veja estas cozinhas – já muito distantes do fogo da caverna.

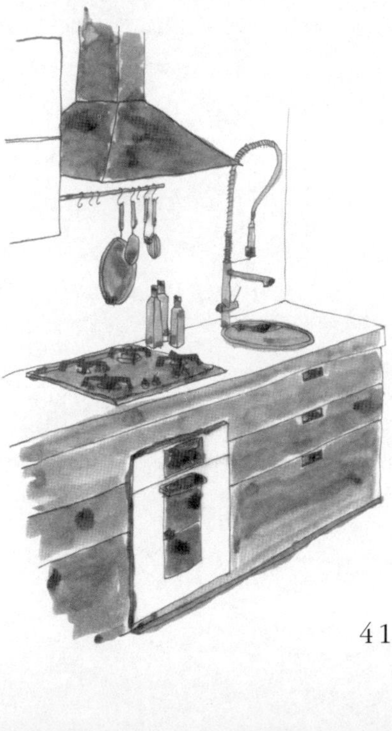

Agora vamos ver com atenção a cozinha.

Qual é a coisa mais importante na cozinha? Qual é a coisa que, se ela não existir, a cozinha não existe?

É o fogo.

O Primeiro Fogo, o Grande Fogo, o Fogo Eterno, o fogo de onde nascem todos os fogos é o Sol. Por isso o Sol foi adorado como deus. Sem o Sol não há vida. Quando o Sol se apagar, daqui a bilhões de anos, a vida também acabará.

Demorou muito para que nossos antepassados aprendessem a produzir o fogo.

Que momento assombroso deve ter sido aquele quando um homem – ou uma mulher –, pela primeira vez, tomou nas suas mãos um pedaço de pau que fora incendiado por um raio ou por um vulcão!

O fogo faz transformações nas coisas.

Ele faz a água ferver.

Os metais são duros. Mas o fogo os derrete, fazendo com que eles fiquem moles.

O barro é mole. Mole, ele não pode ser usado. Desmancharia em nossas mãos. Para que os moles objetos de barro fiquem duros, eles são colocados num forno muito quente. Também um ovo, que é mole, se fervido fica duro.

Arroz, macarrão, batatas, carne, cenouras são coisas duras, amolecidas pela água que ferve. Sem o fogo não haveria culinária.

"Matéria-prima" quer dizer "matéria primeira", isto é, a matéria que se usa para fazer outras coisas. Couro é a matéria-prima para fazer um sapato. Lã é a matéria-prima para fazer um suéter. Vidro é a matéria-prima para fazer uma garrafa. Alumínio é a matéria-prima para fazer uma latinha de refrigerante.

Você sabe qual é a matéria-prima para fazer o vidro?

A matéria-prima para fazer o vidro é um tipo de areia. Areia não é vidro. Não se parece com vidro. Mas, aquecidos, os grãos de areia derretem e viram uma pasta mole, quente, transparente, parecida com gelatina. É com essa pasta que o fogo esquentou e derreteu que se fazem os copos, as garrafas e todos os objetos de vidro.

Muitos objetos de vidro se fazem da mesma forma como se fazem bolhas de sabão: soprando. Põe-se uma bolinha de vidro derretido na ponta de um canudo de metal, o artesão ("artesão" é um artista que faz um objeto) do vidro sopra, forma-se então uma bolha que vai crescendo à medida que se sopra – como o chiclete de bola... Não tenho muita certeza, mas acho que era assim que as primeiras lâmpadas eram feitas.

Acho que você gostaria de visitar uma fábrica de cristais para ver como se faz o vidro. Lá dentro é muito quente por causa do fogo e dos maçaricos acesos ("maçarico" é uma ferramenta de produzir fogo forte, um tipo de isqueiro grande com uma chama muito poderosa. Você poderá ver maçaricos em oficinas de serralheiros e funileiros). Se você não puder visitar uma fábrica de cristais, poderá escrever para uma delas, pedindo que ela lhe envie catálogos com fotografias. Acho que os artesãos vão ficar contentes sabendo que vocês, crianças, estão interessadas naquilo que eles fazem. Procurem na Internet.

Tenho grande curiosidade por saber como foi que os homens descobriram o fogo. Imagino que, a princípio, deve ter sido o fogo de um galho queimando-se, incendiado por um raio. Coisa que dava medo porque queimava. Quantos milênios teriam se passado até que percebessem que aquela coisa terrível, o fogo, poderia ser usada para o seu conforto: para iluminar e aquecer a caverna, para cozinhar. Mas eles ainda não sabiam a arte de dominar o fogo. Lembre-se de que naqueles tempos não havia nem fósforos nem isqueiros... Então, o fogo que tinham guardado aceso dentro da caverna precisava ser mantido aceso o tempo todo. Havia uma pessoa encarregada de alimentar o fogo com gravetos, para que não apagasse. Acho que essa pessoa teria de ser uma mulher. Porque os homens tinham de sair da caverna para caçar. As mulheres ficavam em casa, tomando conta dos filhos e do fogo.

Como foi que eles descobriram a arte de fazer fogo, isso eu não sei. Dizem que foi girando um pauzinho redondo dentro de um buraco na madeira. Mas eu já tentei durante muito tempo, minha mão ficou quente, eu fiquei cansado, e o fogo não acendeu. Acho que um escoteiro poderia ensinar essa arte para você. Os escoteiros sabem muitas coisas sobre a vida primitiva nos campos e nas matas.

Um escoteiro me ensinou a ferver água para fazer chá numa cuia! Não acreditei, porque cuia é de madeira e madeira no fogo queima. Ele me explicou. A primeira coisa a fazer é encher uma cuia com água.

Depois, coloca-se uma pedra limpa no fogo até que ela fique muito quente. Então pega-se a pedra quente, colocando-a dentro da cuia de água fria... O calor que estava armazenado na pedra passa para a água e a água ferve... Aí, é só pôr a folha que se deseja para fazer o chá...

Os gregos eram grandes inventores de estórias. Inventavam estórias para explicar como as coisas haviam começado, como as coisas acontecem. A essas estórias produzidas pela imaginação eles davam o nome de "mitos".

➔ O mito de Ícaro, que fez asas com penas de pássaro e tentou voar. E voou. Voou tão alto que chegou perto do Sol. Aí, o calor do Sol derreteu a cera que ele usara para colar as penas nas asas. E ele caiu...

➔ O mito de Narciso, jovem lindíssimo que se apaixonou por sua própria imagem refletida numa fonte. E a sua paixão foi tão grande que ele não conseguiu se separar da sua imagem. Ficou lá, enamorado de sua própria beleza. Até morrer. E transformou-se numa flor chamada narciso. Hoje se dá o nome de "narcisista" a uma pessoa que se acha muito bonita. No livro *O pequeno príncipe* há uma estória sobre um narcisista. Vaidoso, achava que todos eram admiradores seus... Muitas pessoas são assim. São umas chatas, ridículas...

➔ O mito de Sísifo, que foi condenado pelos deuses a passar a eternidade rolando uma pedra enorme até o alto de uma montanha. Mas quando chegava lá no alto a pedra rolava montanha abaixo e ele tinha de começar tudo de novo.

➔ Inventaram também o mito de Prometeu, o herói que roubou o fogo dos deuses e deu-o aos homens. Foi assim que se iniciou a vida civilizada. É provável que, sem a ajuda do fogo, há muito teríamos desaparecido da Terra...

➔ Você já pensou nisso, que é possível que, num futuro não muito distante, os homens desapareçam da Terra? Até o início do século XX isso era impensável. Muitos povos desapareceram. Por exemplo, uma civilização da ilha de Creta. Os habitantes da ilha de Páscoa. Procure "ilha de Páscoa" na Internet. Uma das teorias para o seu desaparecimento é que os seus habitantes destruíram as florestas que lhes davam vida. Sem ter o que comer, terminaram os seus dias como canibais, devorando-se uns aos outros. Uma guerra nuclear poria fim à nossa civilização. Os Estados Unidos e a União Soviética se prepararam, durante muitos anos, para destruir a nossa civilização, em nome de uma vitória militar. Agora, o mais provável é que, por causa da exaustão da natureza, da destruição das florestas, do envenenamento dos rios e da atmosfera, a Terra venha a ser um planeta inabitável: um grande deserto sem água, sem árvores... Seria muito triste!

Agora vou dizer uma coisa muito estranha: o nosso corpo é um fogão. Há dentro dele um foguinho suave que queima sem parar. Ele queima tão de mansinho que a gente nem percebe. Parte da comida que comemos serve como lenha para esse fogão... O corpo não pode ficar frio demais nem quente demais. O fogão deve estar sempre na temperatura certa. Mas, às vezes, quando a gente está doente, a temperatura do corpo fica desregulada. Quando o corpo fica mais quente do que devia (o corpo está queimando mais combustível...), dizemos que é *febre*.

Se precisasse medir a temperatura do corpo, o que é que você faria? As mães costumam encostar os lábios no rosto do nenê. De tanto beijar os seus filhos elas ficam acostumadas com sua temperatura normal. Se, por acaso, eles estão com febre, os lábios percebem a diferença de temperatura.

Mas existe um instrumento (uma ferramenta!) que se usa para medir a temperatura do corpo. Chama-se *termômetro*.

Muitas palavras na nossa língua são feitas com vocábulos de línguas mais antigas que a nossa. Termômetro veio de duas palavras da língua dos gregos. "Termo", que quer dizer calor. E "metro", que quer dizer medir. Assim, termômetro é um aparelhinho para medir o calor.

Fogões modernos vêm acompanhados de termômetros para que o forno não fique quente demais. Um termômetro de vidro, desses que se põem debaixo do braço, é uma ferramenta para medir a intensidade do "fogo" que está queimando dentro da gente.

Há termômetros de vários tipos. O termômetro dos médicos, que pode ser encontrado em farmácias, funciona assim: é um tubinho de vidro com um canal muito estreito dentro. Na parte inferior do tubo há um pequeno depósito cheio de um líquido. Na parte superior ele é fechado. O tubinho de vidro tem marcas que indicam a temperatura. No termômetro que tenho na mão as temperaturas vão de 35 a 42 graus. O que é um "grau"? Para medirmos o comprimento de uma coisa usamos uma régua que tem marcas bem pequenas, chamadas milímetros, e a cada dez milímetros uma marca chamada centímetro. Os comprimentos se medem com milímetros e centímetros. As temperaturas se medem com graus. Quanto é um grau? Determina-se um grau assim (pelo menos foi assim que me ensinaram na escola): sabe-se que o calor faz as coisas ficarem maiores. Aquele

líquido, dentro do tubinho, quando é frio, encolhe. Quando é calor, estica. Então, pega-se o tubinho e o coloca no gelo. O líquido encolhe. Marca-se o lugar do líquido encolhido. É o grau "zero". A temperatura do gelo é zero. Em seguida, toma-se o mesmo tubinho e o coloca na água fervente. O líquido se dilata. Encomprida-se. Sobe. Nesse lugar se põe outra marca. É o grau "cem". A temperatura da água fervente é 100. Aí, divide-se o espaço entre o zero e o 100 em 100 pedacinhos iguais. Cada um desses pedacinhos é um grau. A temperatura do corpo bem regulado é 36,7 graus.

Houve um tempo em que não havia luz elétrica. As noites eram escuras. Não havia nem rádio nem televisão.

A luz vinha ou de velas ou de lâmpadas a óleo ou de lamparinas.

As velas são feitas de cera e têm um pavio dentro.

Pavio é o nome do barbante que fica aceso.

Acenda uma vela. Veja o que acontece com a cera. A cera é dura. Por causa do fogo ela derrete e fica como água.

Logo, logo, a cera derretida vai escorrer. Escorrida, longe do fogo, esfriada, ela fica dura de novo. Se você puser uma vela no gargalo de uma garrafa, à medida que ela for derretendo a cera vai escorrer pelo vidro da garrafa e endurecer. Aí, quando a vela terminar, você coloca outra vela de uma outra cor. Vai acontecer o mesmo. A sua garrafa vai ficar linda. Essa cera escorrida pela vela e pela garrafa são as lágrimas da vela. Ela chora de alegria por poder dar luz, e ela chora de tristeza porque, para se queimar, ela tem de se acabar.

Para haver calor, é preciso uma coisa que queima: a lenha, o querosene, a gasolina, o carvão, o fósforo, a vela...

A vela, à medida que queima e dá luz, vai gastando a cera. A vela vai diminuindo até acabar. Aí, a vela apaga. Mas não tem importância: compra-se outra. O Sol é uma grande vela que está queimando há bilhões de anos. Mas, à medida que ele queima, vai se consumindo. Daqui a alguns bilhões de anos o Sol se apagará. Mas não se preocupe. Não estaremos aqui para ver...

É bom ficar olhando para o fogo. O fogo é bonito. Hoje, nas casas da cidade, usa-se o fogão a gás ou o fogão elétrico. O fogão elétrico não tem fogo. Só tem calor. E o fogo do fogão a gás não é tão bonito quanto o fogo dos fogões a lenha e das fogueiras. Suas chamas são bem-comportadas. Estão sempre do mesmo jeito. Não brincam. Mas os fogões a gás são mais práticos: basta virar o botão e provocar uma faísca para que eles se acendam. Imagine se em nossas cidades os fogões fossem ainda de lenha!

De onde vem o gás?

Não existe o perigo de o gás acabar?

Se faltar gás, o que vai acontecer?

Se faltar gás, acho que teremos de nos transformar em vegetarianos e só comer coisas que não precisam do fogão: alface, rabanete, pepino, tomate...

Um amigo me contou o seguinte: na cidade onde vivia, faltava luz frequentemente. Faltando luz, não havia televisão. Seu pai, então, acendia uma vela, e os três – pai, mãe e filho – se assentavam à volta da mesa jogando cartas e conversando. O que não acontecia quando a televisão estava ligada. Ele gostava quando faltava luz.

De noite, apague as luzes da sua casa e acenda uma vela.

O normal é que a gente acenda a vela para ver as coisas.

Mas é bom acender a vela... para ver a vela, a chama queimando.

Uma vela queimando é coisa bonita de se ver.

Peça ao seu pai ou à sua mãe para brincar de ver a chama de uma vela com você. Pegue uma vela, de preferência colorida. Coloque-a no gargalo de uma garrafa. Espere chegar a noite. Apague as luzes. Tudo escuro. Acenda a vela. Olhe a chama. Ela não para nunca. Está sempre mudando. Você verá que a cera da vela, dura, é derretida pelo fogo. Vira líquido. E escorre pela vela abaixo. A cera que escorre... parece que a vela está chorando...

Você sabe brincar de fazer sombras contra a parede?

Por que uma sombra aparece na parede quando se acende uma vela no escuro?

Um coelho se faz assim:

Um pássaro:

Um pato:

Um cisne:

Com a vela se pode fazer, também, um teatrinho de sombras, que é uma boa brincadeira para fazer na escola.

Quando eu era menino, eu e os meus amigos gostávamos de brincar de teatrinho de sombras.

➔ [Para um adulto: leia o maravilhoso livro de Gaston Bachelard, *A chama de uma vela*.]

Quando a gente olha para a chama de uma vela e as sombras se mexem, a gente chega a *imaginar* que elas estão vivas. Você já ouviu falar em "assombração"? Esse nome vem de sombra.

A cozinha

Vocês pensam que um cientista é uma pessoa muito séria. Mas isso não é verdade. Os cientistas são crianças grandes. Gostam de brincar. Seus laboratórios são suas brinquedotecas. E os aparelhos que há lá dentro são seus brinquedos.

Uma das brincadeiras de que mais gosto são os quebra-cabeças. Os japoneses são especialistas em fazer quebra-cabeças. Tive um que era um elefante de madeira. Era formado por muitas peças que se encaixavam perfeitamente se fossem colocadas na ordem certa. A primeira parte da brincadeira era desmontar o elefante, separar as peças. Era difícil. Era preciso descobrir a peça que, se apertada, se mexia do seu lugar. Depois de desmontado o elefante, as peças todas na mesa, vinha a segunda parte da brincadeira: encaixar as peças para que, juntas, formassem o elefante. Desmontei o elefante. Não consegui montar de novo...

Esse brinquedo só acontece quando você sabe que o objeto é formado por muitas peças que se encaixam. Muitos e muitos séculos atrás, um homem chamado Demócrito, filósofo grego, teve a ideia de que tudo o que conhecemos é formado por "peças" muito pequenas a que ele deu o nome de "átomos". A palavra "átomo" quer dizer "que não tem partes", o contrário das coisas que têm muitas partes.

Essa ideia deu início à ciência chamada química. Química é uma brincadeira de desmontar e remontar. Quando os químicos estão desmontando coisas, eles dizem que estão fazendo "análise". Quando estão remontando coisas, eles dizem que estão fazendo "síntese".

Vou dar um exemplo. Todo mundo sabe o que é a água. É um líquido que mata a sede e apaga o fogo. Pois os químicos desmontaram a água e descobriram que ela é formada por duas coisas completamente diferentes dela. Dois gases: oxigênio e hidrogênio.

O que é gás? O ar é gás, o gás vem nos bujões que servem de combustível para os fogões, o pum é gás. Se é que você não sabe, digo-lhe que o pum é um gás que pega fogo...

O Vinicius de Moraes tem uma cançãozinha dedicada a um gás. É assim:

Estou vivo mas não tenho corpo,
por isso é que não tenho forma.
Peso também não tenho,
não tenho cor.
Quando sou fraco me chamo brisa,
e se assobio isso é comum.
Quando sou forte me chamo vento.
Quando sou cheiro me chamo pum.

O hidrogênio é um gás que pega fogo. É inflamável. O oxigênio é um gás que alimenta o fogo. Sem oxigênio, o fogo apaga.

Faça uma experiência. Acenda uma vela. Cubra a vela acesa com um copo. A chama vai ficando fraca, fraca, até que se apaga. Ela se apaga porque fica sem o oxigênio que há no ar. O fogo precisa respirar!

Dois gases amigos do fogo. Se combinados, viram um líquido que apaga o fogo. Os químicos criaram uma linguagem para dizer como as coisas são feitas. Essa linguagem tem o nome de "fórmulas". A fórmula da água é H_2O: dois átomos de hidrogênio encaixados em um átomo de oxigênio. A fórmula do metano, que é o nome de um gás que pega fogo, é CH_4: um átomo de carbono em que se encaixam quatro átomos de hidrogênio.

Não é à toa que os primeiros químicos eram chamados alquimistas. Alquimistas eram mágicos. Sabendo que coisas misturadas se transformam em outras, alguns deles chegaram a imaginar que seria possível produzir ouro pela combinação de outros elementos que não eram ouro. Houve uma novela na televisão em que um velho caduco acreditava ser possível transformar cocô em ouro. Ele tinha uma banheira cheia de cocô, que ele ficava mexendo com um pau...

Se os cientistas separarem os átomos da água o resultado será dois gases, o oxigênio e o hidrogênio. Ora, o hidrogênio é combustível. Então será possível usar hidrogênio no lugar da gasolina, para fazer os carros andarem. O combustível que mais se usa no nosso mundo é o petróleo. Mas o petróleo, de onde é extraída a gasolina, mais cedo ou mais tarde vai acabar. Então, quem sabe, teremos de usar o hidrogênio retirado da água.

Por vezes os médicos nos pedem "exames de laboratório". Exame de sangue, por exemplo. Quando a gente compara sangues que saem de cortes em pessoas diferentes a impressão é que todos os sangues são iguais: todos são um líquido vermelho. É só impressão. O exame de sangue vai "desmontar" o sangue para ver as partes de que ele é feito e quais as quantidades. Por exemplo: todo sangue tem açúcar. É normal. Sem açúcar a gente morre. Se a análise do sangue disser que o meu sangue tem 98 de "glicemia" (açúcar), o médico dirá que estou bem. Mas se a glicemia estiver nos 240, eu estarei com diabetes.

Você não sabe nem o que é "glicemia" nem o que é "diabetes". Mas você sabe que essas palavras estão no dicionário. Vá à seção das palavras que começam com "G", para achar "glicemia". E à seção das palavras que começam com "D", para saber o que é "diabetes". O resultado da análise que deu 98 diz que o tamanho da peça chamada "glicemia" está correto. Mas o tamanho da peça "glicemia" no segundo exame, que deu 240, está grande demais.

Diabetes é assim. Já sabemos que o corpo é um fogão. O corpo precisa de combustível para o seu fogão. O combustível do corpo é o açúcar. A gente come uma coisa doce (ou que se transforma em doce) e ela entra no sangue. Mas não é no sangue que o açúcar vai ser queimado. O sangue é só um meio de transporte para o açúcar. O açúcar precisa entrar nas células. Como é que o açúcar sai do sangue e entra nas células? Para isso há um trenzinho chamado "insulina", produzido por um órgão chamado pâncreas. O açúcar embarca na insulina, que o transporta até as células. Quando isso acontece, o corpo fica com o tanque cheio de combustível. Imagine agora que o trenzinho chamado insulina entrou em greve. Parou de transportar o açúcar. O açúcar não consegue entrar nas células. Fica depositado no sangue. Resultado: as células ficam sem combustível. Aquele número "240" informa a quantidade de açúcar em excesso no sangue.

Diabetes é uma doença danada porque na maioria dos casos ela não provoca sintomas sensíveis. "Sintoma" é o sinal de que alguma coisa está acontecendo. Por exemplo: dor muito forte na barriga pode ser sintoma de que o apêndice está inflamado. Febre é sintoma de que uma briga está acontecendo no corpo: as células brancas do sangue em luta contra germes invasores. O pus são os cadáveres dos soldados mortos na batalha...

Não provocando sintomas, a pessoa não percebe que há algo errado no seu corpo e não se trata. O diabetes funciona como o "cupim": vai comendo por dentro, sem que ninguém veja.

Sugestão: convidem um médico endocrinologista (eta palavra difícil! Ao dicionário, de novo!) para dar uma aula para vocês sobre essa doença. O número de diabéticos no mundo está crescendo muito por causa dos refrigerantes, sorvetes, hambúrgueres e da vida sedentária. Vida sedentária é ficar parado, sem exercitar o corpo, só andar de carro, ficar assentado diante da televisão. Quem não cuida do diabetes está arriscado a morrer cedo!

➔ Seu pai e sua mãe devem ter, guardados em alguma gaveta, os resultados de algum exame de sangue ou urina que tenham feito. Dê uma espiada. Não é preciso que você entenda os nomes complicados que estão lá. Nem eu mesmo entendo. É só para ver a quantidade de partes que o "desmonte" (análise) do sangue e da urina revela...

Desmontando as substâncias como se desmonta o elefante, os químicos descobriram que é possível juntar as peças de uma outra forma, inclusive misturando peças de vários quebra-cabeças. Com isso, eles conseguem fabricar materiais novos, que não existiam. Muitos dos remédios que tomamos são feitos assim.

Pois eu digo que os primeiros químicos foram os cozinheiros! A cozinha é um laboratório onde o fogo separa as coisas que estão juntas e ajunta as coisas que estão separadas. Observe uma canja. Uma canja se faz com galinha. Na superfície da canja há umas placas de gordura soltas. Elas eram gordura do frango. O fogo as separou. Mas a canja é feita com arroz, sal, tomate, cenoura, carne de frango. Essas coisas estavam separadas. Só que na canja elas estão juntas, por obra do cozinheiro. A cozinha foi o primeiro laboratório de química. Para fazer um bolo de chocolate, colocam-se juntas coisas que estavam separadas. Os ovos vêm das galinhas; a farinha de trigo vem dos trigais; o açúcar vem dos canaviais; a manteiga e o leite vêm das vacas; e o chocolate vem dos frutos dos cacaueiros. Quantas coisas diferentes, vindas de lugares distantes, têm de ser ajuntadas para fazer um bolo. Mas o bolo ainda não está pronto. Ele só ficará pronto depois de submetido ao calor do fogo no forno, que vai ajuntar tudo.

Todo laboratório precisa de ferramentas. Visite um laboratório de química para ver as ferramentas diferentes que são usadas na sua ciência.

E os objetos da cozinha?

A mesma coisa acontece na cozinha.

A primeira ferramenta é o fogo, sem o qual nada se faz.

Depois há as ferramentas que servem para ir sobre o fogo: panelas, frigideiras, caldeirões, tachos, chaleiras, fôrmas.

De que materiais elas são feitas? São feitas de ferro, alumínio, aço inoxidável, cobre, pedra, barro.

Antigamente as goiabadas eram feitas em grandes tachos de cobre, vermelhos. A massa da goiabada fervente era mexida com uma colher de pau de cabo muito comprido. Tinha de ser. Caso contrário a goiabada espirrava e queimava o braço da cozinheira. As moquecas capixabas se fazem em panelas de barro. Você não sabe o que é uma moqueca? Pesquise num livro de receitas. Já o *tempura* dos japoneses se faz em frigideiras de ferro com azeite fervente. Cada panela é para uma comida diferente.

De madeira há as gamelas. Mas não há panelas de madeira. Quem usar uma gamela como se fosse panela fica sem gamela e sem comida...

Há depois as ferramentas que são usadas para preparar as coisas que vão nas panelas. Os grandes cozinheiros são especialistas em usar essas ferramentas. Facas, colheres, garfos, espremedores de alho, espremedores de batata, abridores de latas...

Vá à cozinha de sua casa, observe essas ferramentas e aprenda os seus nomes.

Mas a cozinha é um lugar de cheiros. Antes de comer com a boca a gente come com o nariz. Os cachorros jamais abocanham uma comida sem antes cheirá-la. São os cheiros diferentes que se colocam na comida que a fazem gostosa. Esses cheiros são chamados "temperos". Se não houvesse temperos diferentes, nós só sentiríamos quatro gostos: o doce do mel, o azedo dos limões, o salgado do sal e o amargo da losna.

Aprenda o cheiro dos temperos! É divertido. Eles estão na sua cozinha, guardados em pequenos vidros ou pacotinhos.

Salsinha, cravo, canela, louro, coentro, erva-doce, noz-moscada, manjericão, orégano, pimentas, alho...

Ah! As pimentas! Como são coloridas! Vermelhas, amarelas, verdes. Tenho um amigo que nos meus aniversários me dá como presente garrafas cheias de pimentas. São lindas! Tão bonitas que não tenho coragem de abri-las. Coloco-as na minha sala, enfeitando a mesa.

Mas as pimentas são perigosas. Meu irmão pequeno uma vez embirrou em catar pimentas numa pimenteira carregada. Estavam tão vermelhinhas! Catou e se esqueceu de lavar as mãos. E passou a mão no olho. Foi um berreiro.

Losna é uma folha muito amarga que se usa em chás. Quando eu era menino, tive uma indigestão. Fiquei com o estômago enjoado. Estava na roça. Não havia farmácia onde eu pudesse comprar um remédio. A empregada foi ao quintal, apanhou umas folhas de losna e fez um chá. Chá é uma bebida que se faz colocando-se folhas em água fervente. Pode-se fazer chá de folhas de laranja, de guaco, de capim de beira de estrada, de hortelã, de melissa... Bebi um gole do horrível chá de losna. Foi o chá bater no estômago e vomitei tudo o que estava dentro dele. O amargo da losna me curou...

Na cozinha todos os nossos cinco sentidos entram em ação.

Os cinco sentidos se chamam visão (olhos), olfato (nariz), audição (ouvidos), paladar (língua) e tato (pele).

O que é que vejo na cozinha? Vejo o fogão, o fogo, as panelas, as ferramentas de cozinhar, coisas a serem cozidas, coisas para serem comidas sem ser cozidas, alface, agrião, frutas, a pia, a torneira, o lixo... Na cozinha há muitas coisas divertidas de ver.

A cozinha se prolonga nos mercados e nas feiras. Abro a geladeira e tiro de dentro um ovo. É o último ovo. Que faço? Vou ao mercado e compro uma caixa com uma dúzia de ovos. O mercado enche a minha geladeira vazia. O mercado é parte da minha cozinha.

Quanto é uma dúzia? E meia dúzia?

Gosto de caminhar pelos mercados e pelas feiras. As coisas que lá se encontram são divertidas.

Vá passear numa feira ou num mercado. E *observe* as frutas e os legumes. Observar é olhar devagarinho, sem pressa...

Veja os tomates: como é lindo o seu vermelho. E há os pequenos, bem redondos, os médios, meio bicudos, os grandes, achatados.

Os pimentões podem ser verdes, amarelos ou vermelhos. Já pensei em enfeitar uma árvore de Natal com pimentões!

As beterrabas são roxas. Sopa de beterraba é roxa.

Amarelas, as cenouras.

Os nabos, brancos.

Os pepinos, verdes.

As ervilhas, redondinhas...

Gosto de fazer sopas misturando as cores dos legumes: amarelo, branco, verde, vermelho... É bom ver a sopa colorida. Os olhos gostam!

E as frutas? Quantas formas e cores diferentes!

Pitangas, mangas,
caquis, jabuticabas,
bananas, amoras,
cajus, morangos,
pêssegos,
figos,
melões, mamões...

Muitos artistas pintaram quadros inspirados nas coisas da cozinha. São telas chamadas "natureza-morta". As coisas da cozinha se prestam a ser pintadas. Transformam-se em obras de arte.

Juan Sánchez-Cotán, *Natureza-morta*, óleo sobre tela, 1600-1610.

Mas as coisas da cozinha podem se transformar em poesia. Houve um poeta chamado Pablo Neruda, chileno, que escreveu poemas sobre as coisas da cozinha. Quem diria que da cozinha poderia brotar a poesia! Os poemas que ele escreveu têm o nome de "odes" (ao dicionário de novo!). Ode ao fogo, ode ao pão, ode ao tomate, ode ao vinho, ode à alcachofra, ode à cebola.

Alguns versos da "Ode à cebola"

Cebola,
redonda esfera,
tua beleza se formou
pétala a pétala.
Escamas de cristal se acrescentaram
e dentro do segredo da terra escura
se arredondou o seu ventre de orvalho...
Clara como um planeta
e destinada
a brilhar,
constelação constante, redonda rosa de água,
sobre a mesa
das pessoas pobres...

(Pablo Neruda, *Odes elementales*. Barcelona: Editorial Bruguera)

(Quando se deseja dar informações sobre um livro é assim: primeiro, o nome do autor; a seguir, o nome do livro, em destaque; no nosso caso, esse destaque é o itálico; depois, o nome da cidade e, por fim, o nome da editora, que é a fábrica que faz os livros.)

Houve um pintor chamado Giuseppe Arcimboldo, italiano (1527-1593: essas são as datas do seu nascimento e da sua morte). Arcimboldo pintava rostos usando abobrinhas, milhos, azeitonas, vagens, peras, cabeças de alho, espigas de trigo, berinjelas... Veja este seu quadro. Identifique as "coisas"...

Desenhe uma natureza-morta usando coisas da cozinha. Você escolhe quais.

As coisas da cozinha também se prestam como brinquedos. Quando menino, eu gostava de brincar com legumes e frutas. Fincava quatro palitos numa batata e dizia que era uma vaca. O Visconde de Sabugosa, do *Sítio do picapau amarelo*, foi feito com um sabugo de milho. Com um quiabo de ponta torcida pode-se fazer um escorpião. Com um inhame se faz um porquinho. Com uma banana se faz um polvo! Com uma abóbora se faz uma careta. Quer saber como? É assim:

Há um livro que ensina a fazer animais de legumes e frutas. Chama-se *Brincando com seus alimentos* (Joost Elffers e Saxton Freymann, DBA Artes Gráficas).

Vamos aprender uma palavra nova: *classificar*. Classificar é colocar as coisas em gavetas separadas, de acordo com as suas semelhanças.

Por exemplo: vamos classificar os vegetais e as frutas de acordo com a *forma*. Numa gaveta, os de forma arredondada: tomates, caquis, cerejas, laranjas, jabuticabas.

Agora vamos classificar segundo a cor. Na gaveta marcada "amarelo" vão as cenouras, as laranjas maduras, os mamões, os pimentões amarelos. Na gaveta marcada "verde" vão os limões, as laranjas verdes, os abacates, as ervilhas, os chuchus. Na gaveta marcada "vermelho" vão os caquis, as acerolas, as pitangas, as pimentas vermelhas.

Saber classificar é muito importante para que a vida não vire uma bagunça. Os parafusos devem estar separados dos pregos; os grandes, separados dos pequenos; os talheres, separados dos sapatos. Classificando é possível colocar as coisas próximo daquelas com que têm algum parentesco: a pasta de dentes perto da escova, os pregos perto do martelo, as facas ao lado dos garfos, os fósforos próximo das velas.

O banheiro

Olhe a planta da casa. Procure o banheiro.

Há duas maneiras de identificar o banheiro.

Primeira: pelas letras WC. As letras WC são abreviatura (dicionário!) de duas palavras da língua inglesa: *water closet*, armário de água, que todo mundo sabia que era o lugar onde se encontrava a privada.

Dizendo em linguagem educada, que é a que devemos usar: na privada, satisfazemos nossas necessidades fisiológicas. Fisiológico vem de físico. As necessidades fisiológicas que se realizam na privada são urinar e defecar. Urinar é fazer xixi. Mas não se fala "exame de xixi". Fala-se "exame de urina". E "defecar" quer dizer "fazer cocô". Não se diz "fazer exame de cocô". Diz-se "fazer exame de fezes".

Os arquitetos não usam a palavra "privada" (também chamada "latrina", em certos lugares). Eles a acham feia. Criaram a expressão "vaso sanitário", mais delicada. "Vaso" nos faz lembrar de flores... E "sanitário" tem a ver com a saúde ou a higiene. Vaso onde se fica bem de saúde! E está certo. Satisfeitas nossas necessidades fisiológicas, sentimo-nos aliviados...

Acho que WC está muito bem porque o banheiro é um lugar de águas: a água da pia, a água do chuveiro, a água da descarga do vaso sanitário...

A segunda maneira de identificar o banheiro é procurar os desenhos do vaso sanitário, do chuveiro, da banheira e da pia que os arquitetos desenham.

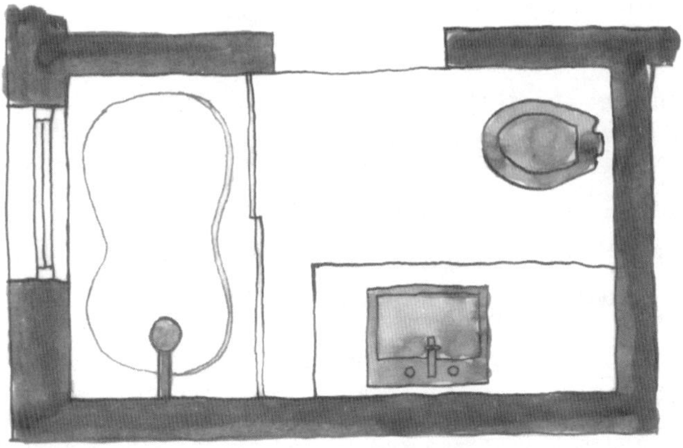

Eu acho que, na casa, os banheiros são tão importantes quanto as cozinhas. Imagine uma casa com salas maravilhosas e quartos espaçosos, mas sem banheiro. O que você faria na hora do "aperto"? Na hora do aperto, a gente só quer uma coisa...

A cozinha é um lugar de prazeres... Os prazeres dos olhos que veem os tomates vermelhos, as alfaces verdes, as garrafas cheias de pimentas coloridas... Os prazeres do nariz que sente o cheiro do café, do feijão, dos temperos... Os prazeres da boca que vai provando as comidas...

No banheiro os prazeres são outros.

Um dos maiores prazeres que se pode ter é o prazer do banho de chuveiro, a água quentinha escorrendo sobre a pele. Ou pode ser água fria. Eu gosto de tomar banho de chuveiro frio, água bem forte.

Faz anos, vi o filme *Cidade dos anjos.* Muitos anjos, criaturas maravilhosas, não morrem nunca. Não morrem, mas não são capazes de sentir os prazeres que nós, humanos, podemos sentir. E houve um anjo que ficou com inveja. Resolveu abrir mão da sua eternidade para poder sentir como os homens. Uma das cenas mais bonitas do filme é quando o anjo, depois de abrir mão da sua eternidade, vai tomar um banho de chuveiro. Ele fica debaixo da água, encantado! Nunca imaginara que um banho de chuveiro pudesse ser uma coisa tão deliciosa! Valeu a pena deixar de ser eterno e morrer só pelo prazer de um banho de chuveiro...

A água escorrendo pela pele é a natureza nos abraçando e acariciando. Quem sabe a água é a mão de Deus agradando a gente... Será possível ter maus pensamentos enquanto se olha para a água cristalina? Eu acho mais fácil rezar debaixo do chuveiro que nas igrejas... Compreendo as razões que levaram o primeiro filósofo grego, Tales de Mileto, a afirmar que, feito o "desmonte" das coisas, restará apenas a água. Pena que, enquanto estamos debaixo do chuveiro, não prestemos atenção e fiquemos pensando em outras coisas. Sem atenção, o prazer vai embora...

Depois, é o prazer do sabonete, coisa à toa, coisa barata...

Por milhares de anos os homens não conheciam o sabão. Ele não havia ainda sido inventado. Os homens e as mulheres eram sujos, fedidos, cobertos de piolhos. Tinham medo de banho. Achavam que fazia mal à saúde. Há a história de uma rainha de Portugal que, vindo de navio para o Brasil, ficou tão imunda e tão cheia de piolhos que tiveram de descê-la por meio de cordas até o mar, na esperança de que os piolhos se afogassem! Não que ela quisesse. Sem limpeza, o cheiro dos reis e das rainhas é insuportável.

Eu não disse a verdade toda. Essa sujeira a que me referi acontecia na Europa. Em outras partes do mundo, cultivavam-se os prazeres do banho. Dizem que a rainha Cleópatra, do Egito, mulher famosa pela sua beleza, tomava banho em banheiras cheias de leite de cabra. Mas leite de cabra não faz espuma. Será que limpa direito? O que será que faziam com o leite dos banhos da rainha? Será que o transformavam em queijos? Ou será que o serviam para beber?

Os romanos tinham, em suas cidades, maravilhosos lugares públicos para banhos. Ainda existem ruínas desses lugares que podem ser visitadas. Os japoneses, por sua vez, sempre gostaram de banhos. Um livro que li sobre o Japão do século XVII conta a história de uns marinheiros europeus cujo navio naufragou e eles foram dar nas costas do Japão. Os japoneses se horrorizaram com sua imundície e seu mau cheiro. Prepararam-lhes banhos mornos em grandes tinas. Eles se recusaram a entrar nas tinas. Aí, os japoneses foram forçados a fazer uso de suas artes marciais para forçá-los a tomar banho. Saiba que você, debaixo do chuveiro, ensaboando-se, tem prazeres que a rainha Cleópatra nunca teve!

Quem será que inventou o sabão? Um alquimista, fazendo misturas para fabricar ouro, terá acidentalmente produzido o primeiro sabão? Ele deve ter ficado muito desapontado com o resultado de suas experiências. Não podia imaginar que o sabão e seus parentes haveriam de se transformar numa das indústrias mais rendosas do mundo. Na próxima vez que você for ao supermercado, examine com cuidado a seção dos sabões. Faça uma lista de todos os produtos que forem derivados dele: sabão em pó, xampu, detergente, creme de barbear...

Fui à minha *Enciclopédia Britânica*, edição de 1958, e consultei o termo *soap* (que é "sabão", em inglês). Havia páginas e páginas sobre a química do sabão, os tipos de sabão, a fabricação do sabão. Mas nada sobre a "história" do sabão. Eis aí um tema para uma tese de doutorado! Você não sabe o que é uma "tese de doutorado"? Mas os seus professores sabem. Pergunte a um deles o que é "tese de doutorado" e para que serve.

Nos últimos 500 anos, houve uma infinidade de descobertas que contribuíram para a saúde. As vacinas, os antibióticos, a anestesia, a radiografia etc. Agora, uma pergunta para você e para os seus pais: "Nos últimos 500 anos, qual foi a descoberta que mais contribuiu para a saúde dos seres humanos?".

Se eu responder logo, perde a graça. A resposta vai estar em algum lugar deste texto.

Há muitos anos, não era costume lavar as mãos. Não se sabia da existência de germes e vírus, essas coisas invisíveis a olho nu de que o mundo está cheio. Nem nos hospitais os médicos lavavam as mãos. Os médicos iam de paciente a paciente tocando, apalpando, cortando, espremendo furúnculos – e não lavavam as mãos. Resultado: a mortalidade era muito grande; as mãos dos médicos levavam a doença de um paciente para outro. Foi um médico, Ignác Semmelweis, que descobriu que, se os médicos lavassem as mãos, haveria menos mortes. A história de como ele descobriu isso é muito fascinante (Internet!). Seus colegas ficaram mortos de inveja, porque ele ficou famoso e eles não.

A inveja é uma doença da alma para a qual ainda não se descobriu a cura. O invejoso fica com raiva de uma coisa boa que uma outra pessoa tem e ele não tem. Semmelweis foi perseguido e morreu louco. Mas seu nome será sempre lembrado, e os nomes dos seus colegas invejosos já foram esquecidos.

O banheiro é um cômodo pequeno. Mas se a gente pensar nas coisas que acontecem dentro dele, a gente vê os destinos do mundo. Quer ver?

Um dos objetos que mais me intrigam é o espelho.

A gente não se assusta porque está acostumado. Mas os espelhos são objetos espantosos. Como é que eu e todos os objetos que estão ao meu lado, do lado de fora, aparecemos repetidos, lá dentro, com uma única modificação: o lado direito fica esquerdo e o lado esquerdo fica direito? E por que é que o lado de baixo não fica em cima e o lado de cima não fica em baixo? Faz pensar, não é?

Outro é a torneira. É só abrir a torneira para que a água saia. Até parece mágica.

Aí, a gente pensa: "De onde vem a água que sai da torneira?".

Resposta: Vem dos reservatórios de água da prefeitura.

E de onde vem a água que é guardada nos reservatórios da prefeitura?

Resposta: Vem dos rios e dos lagos.

Não há perigo de que rios e lagos venham a secar?

Resposta: Há. A verdade é que a água está acabando no mundo. Uma evidência simples disso é que, no passado, ninguém jamais pensaria em engarrafar água para ganhar dinheiro. Havia água em abundância. Hoje compramos água em garrafas.

A água está acabando. O que é mais importante para a vida: a água ou a gasolina? É a água. O corpo precisa de água para viver. A humanidade sobreviveu sem gasolina por muitos milênios (milênio = mil anos). Ela só começou a ser usada no princípio do século passado. Muitas guerras foram travadas por causa do petróleo, de onde a gasolina é extraída. Porque o petróleo é combustível. Faz as máquinas andarem. E é preciso que as máquinas andem para haver progresso. Mas, num futuro próximo, as guerras serão travadas por causa da água. Países que ainda têm reservas de água serão as presas dos países que têm falta de água.

A água está acabando, primeiro, porque não cuidamos dela. Cortamos as florestas que protegem os rios. Sem a proteção das florestas, os rios minguam e secam. Coisa triste é um rio seco! O leito seco de um rio está dizendo: "Aqui houve vida, aqui houve água, aqui houve peixes, aqui houve florestas, aqui houve pastagens...". O Riobaldo estava certo quando disse: "Perto de muita água tudo é feliz" (Guimarães Rosa, *Grande Sertão: Veredas*, p. 26).

O rio Amazonas pode secar?

A floresta amazônica está sendo destruída rapidamente. Primeiro, por causa da madeira. Madeira pode ser vendida. Dá dinheiro. Segundo, para, no lugar das árvores, se plantar soja e se criar gado. Soja e gado dão dinheiro. Sabem como eles fazem? Ou põem fogo na floresta em tempo de seca, ou põem dois tratores muito poderosos presos por uma corrente grossa. Os tratores vão para a frente com a corrente esticada e as árvores vão caindo. Os fazendeiros ficam ricos. A riqueza de hoje está criando os desertos de amanhã. Já imaginaram a Amazônia transformada num grande deserto? Tudo areia? Tenho um pesadelo: o rio Amazonas seco.

Depois, porque poluímos os rios. Poluir é jogar uma coisa suja numa coisa limpa. As indústrias, que dão empregos e produzem riqueza, são também responsáveis pela morte de muitos rios. Elas usam os rios como privadas onde despejam seus venenos. A água dos rios se torna imprópria para ser usada. De vez em quando, há uma mortandade de peixes. Milhares, milhões de peixes, boiando mortos, num rio. Por quê?

Por outro lado, as cidades estão crescendo sem parar, com um número cada vez maior de habitantes. Imaginem uma cidade como São Paulo, com mais de 15 milhões de habitantes, crescendo sem parar: quanta água é necessária!

➔ Faça uma brincadeira na imaginação. Imagine que, por uma semana, uma cidade grande, uma capital, vai ficar sem água. O que vai acontecer?

O corpo tem entradas na cabeça. Pela boca entra a comida: coisas sólidas e coisas líquidas. Pelas narinas entra um gás, o ar. Mas o que entra tem de sair. Assim, o corpo tem também saídas. Tem uma saída para o xixi, líquido, e outra saída para o sólido, cocô, e os gases, o pum.

O banheiro é o lugar das saídas. O pum fica no ar. Tem cheiro ruim. Para nos livrarmos do cheiro ruim basta riscar um fósforo, ou usar um *spray* perfumado.

Para nos livramos dos sólidos e dos líquidos é um pouco mais complicado. Fazemos nossas necessidades fisiológicas na privada e apertamos o botão da descarga. O cocô e o xixi somem, como por mágica.

Cientista é uma pessoa que observa a natureza com atenção. Aquilo que ele vê o deixa curioso. Um cientista começa com bons olhos e curiosidade. Ele quer compreender por que as coisas são como são. Aí ele começa a pensar, para entender o que vê. Um cientista se faz, então, com olhos, curiosidade e pensamento.

Um cientista chamado Lavoisier, observando a natureza, ficou impressionado com as mudanças que constantemente acontecem. A água se transforma em vapor, o vapor se transforma em chuva, a água se transforma em gelo, as frutas maduras apodrecem, caem na terra e voltam a ser terra, as sementes germinam e se transformam em árvores, o ovo se transforma em pinto, ou se transforma em omelete, as verduras se transformam em sopa, que se transforma em alimento para o corpo e em cocô, que volta para a terra... Aí ele percebeu que, em todas essas transformações, nada se perdia e nada de novo se criava. O que havia era um processo de constante transformação. Aí ele disse: "No universo nada se perde, nada se cria, tudo se transforma". As fezes e a urina desaparecem da vista mas continuam a existir num outro lugar.

Que outro lugar é esse?

Para onde vão?

Vão para os rios, vão para o mar.

É comum, em algumas cidades do litoral, que as praias fiquem interditadas. Ficar interditado quer dizer: fica proibido entrar no mar.

Por quê? Porque os cocôs e os xixis dos moradores que são lançados no mar voltaram para as praias! Tomar banho nas praias interditadas é o mesmo que tomar um banho de...

Calculei, não sei se está certo, que cada pessoa faz, em média, 250 gramas de cocô por dia. Duzentos e cinquenta gramas é o peso de uma caixinha de manteiga. "Em média" quer dizer: não é que cada pessoa faça exatamente 250 gramas. Uns fazem mais, outros fazem menos.

Para se obter a média faz-se uma operação matemática, por exemplo:

- ➔ Pesam-se os cocôs de 100 pessoas. O cocô de cada pessoa tem um peso diferente. Anota-se o peso do cocô de cada uma.
- ➔ Somam-se todos os pesos dos cocôs.

- ➔ Divide-se então o resultado pelo número de pessoas, nesse caso, 100.
- ➔ O resultado que se obtém é a média.

Se a média é de 250 gramas por dia, então uma cidade de 1.000.000 de habitantes produzirá 250 gramas multiplicados por 1.000.000 = 250.000.000 gramas. Aí, transformamos os gramas em quilos. Um quilo corresponde a 1.000 gramas. Então, é só dividir por 1.000, cortando três zeros: 250.000 quilos.

Transformamos então os quilos em toneladas. Uma tonelada equivale a 1.000 quilos. É só dividir os quilos por 1.000, ou seja, 250 toneladas de cocô por dia. Para saber quantas toneladas por ano, basta multiplicar o peso médio de um dia por 365 (que é o número de dias do ano). O resultado é 91.250 toneladas de fezes, que são lançadas anualmente nalgum rio, no mar ou na terra.

E uma cidade de 15.000.000 de habitantes, como São Paulo?

E o mundo, 6.000.000.000 de habitantes!

250 x 6.000.000.000 = 150.000.000.000 (cento e cinquenta trilhões de gramas).

150.000.000.000 / 1.000 = 150.000.000 quilos.

150.000.000 / 1.000 = 150.000 toneladas por dia.

150.000 x 365 = 54.750.000 toneladas de fezes por ano, que são lançadas nos rios, nos mares, na terra, todo ano.

O que acontece com eles?

O corpo se livra do cocô e do xixi, pondo-os para fora.

Mas, e a Terra? Como é que ela se livra dessas montanhas de cocô e xixi que lhe são lançadas anualmente? A Terra tem um jeito de se livrar dessas coisas tóxicas da forma como nós, indivíduos, nos livramos do cocô e do xixi? Não. Imagine uma pessoa cujos buraquinhos excretores estejam entupidos: não consegue fazer nem cocô nem xixi. Essa pessoa morre. Pois a nossa Terra é como essa pessoa.

➔ O cocô que é lançado nos rios e mares poderia ser aproveitado. Fezes podem ser transformadas em adubo e em combustível. Faz muitos anos, vi um documentário sobre um mosteiro (lugar onde vivem os monges) na França. Todo o gás de que necessitavam para cozinhar vinha dos cocôs das vacas. Para isso os monges construíram um pequeno quarto muito bem fechado, onde depositavam os excrementos (= cocô, fezes), que fermentavam e produziam um gás. Esse gás era levado para a cozinha através de canos e queimado no fogão. Terminada a fermentação, as fezes dos animais se transformavam em esterco que era usado como adubo das plantas. As plantas cresciam, transformavam-se em hortaliças e legumes que eram comidos por seres humanos, digeridos e voltavam a ser cocô – que confirma a lei de Lavoisier...

[Resposta à pergunta sobre o que foi que mais contribuiu para a saúde: foi a descoberta do sabão. Por quê? Isso você terá de concluir por conta própria. Escreva um parágrafo explicando as razões por que o sabão foi e é tão importante para a saúde.]

As cores

Você já percebeu que o arco-íris só aparece depois de uma chuva, quando o ar ainda está úmido? Por que será?

Você pode fazer um arco-íris em miniatura. É fácil. Num dia de Sol, abra uma mangueira de água, aperte o dedo na ponta para que a água saia em gotículas, e verá que o sol, passando pelas gotículas, produzirá um pequeno arco-íris.

A mesma coisa acontece quando a luz do Sol passa através de um prisma de vidro: a luz entra branca por um lado e sai pelo outro em manchas coloridas que são projetadas na parede.

Você se lembra que eu disse que um cientista se faz com olho + curiosidade + pensamento? Houve um cientista chamado Isaac Newton (1642-1727). Ele era muito curioso. As coisas mais comuns o deixavam curioso. Conta-se que, certa vez, ao ver uma maçã cair de uma árvore, ele se perguntou: "Por que as maçãs caem sempre para baixo e nunca para cima?". Pois, baseado nessa observação, ele propôs uma teoria que explicava o universo inteiro!

➔ "Teoria" é uma explicação que os cientistas dão para que possamos entender algo que provoca a nossa curiosidade. Por exemplo: há muitos mil anos, quando não havia eletricidade nem televisão, as noites eram escuras e o céu aparecia negro, coberto de estrelas. As pessoas, assentadas fora de suas tendas, olhavam para cima e conversavam sobre os mistérios dos céus estrelados. Viam nas estrelas formas de coisas: um caranguejo, uma águia, um caçador, dois cães, um escorpião, uma cruz. Eram as constelações. Mas elas ficavam intrigadas com os movimentos dos astros celestes. As estrelas pareciam estar sempre no mesmo lugar, fixas, imóveis, formando as constelações. Já os planetas não paravam, não tinham lugar fixo, estavam sempre em movimento. E a Lua? Como explicar que ela aparecesse ora como uma bola cheia luminosa, ora como uma bola pela metade, para finalmente desaparecer de todo? O astrônomo egípcio Ptolomeu (cerca de 90-150) disse que esses movimentos podiam ser explicados porque a Terra era o centro do universo, ao redor do qual tudo se movia. Copérnico (1473-1543) propôs uma outra teoria: que o Sol, e não a Terra, era o centro de tudo. Estas são duas teorias: a de Ptolomeu, chamada "geocêntrica" (geo = Terra), e a de Copérnico, chamada "heliocêntrica" (hélio = Sol).

Pois Isaac Newton, ao observar que a luz do Sol passando por um prisma se transformava nas cores do arco-íris, concluiu que isso só seria possível se a cor branca fosse formada com a mistura de todas as cores. A água e o prisma só faziam separar as cores que, na luz branca, estavam juntas. E até inventou um aparelho para provar sua ideia, que é conhecido pelo nome de "disco de Newton". Imagine um ventilador que, no lugar das hélices, tenha um disco pintado com gomos das cores do arco-íris.

Ligando-se o ventilador, o disco gira. As cores do arco-íris desaparecem. O disco fica branco. No tempo de Newton não havia ventiladores nem eletricidade que fizessem o ventilador girar. Usei o ventilador para a explicação ficar mais fácil.

Que cores são as mais bonitas? Eu cheguei à conclusão de que a beleza das cores não é delas. A beleza vem das associações que fazemos com elas.

Acho o cinza triste. O cinza me faz pensar em dias frios e de chuva. Não se vai a um velório vestido de amarelo. O cinza é uma cor apropriada para os velórios.

Já o amarelo é cor de alegria. Flor de ipê contra o céu azul. Mas numa pessoa com icterícia (dicionário!), amarelo é feio. Sinal de que não vai bem do fígado: "Ele não vai bem de saúde. Olha só a cor dele, amarelo...". Tenho uma amiga que odeia o amarelo: vestido amarelo, flor amarela... Mas o Noel Rosa, um dos nossos mais queridos sambistas, gostava de amarelo e escreveu: "Quando eu morrer, não quero choro nem vela, quero uma fita amarela, gravada com o nome dela...". Também essa amiga não deve gostar de ovo frito, aquela roda amarela no meio.

Roxo é bonito e é feio. É bonito na violeta, é feio nas coroas fúnebres.

E o branco? Acho bonito na neve, na neblina, no leite, nas claras batidas, nos lençóis, nos dentes... Mas, como o amarelo, o branco pode significar doença. Quando uma pessoa está com hepatite, assim me disseram, sua urina fica preta e seu cocô fica branco. "Ele ficou branco de medo..." Então o medo é branco? Amarelo é que não é. E aqueles branquelos da Escandinávia, na praia: viram logo camarões vermelhos... Thomaz Antônio Gonzaga escreveu um poema para a sua amada Marília. Estava na prisão e pediu a um passarinho que fosse levar uma mensagem para ela, na Vila Rica, hoje Ouro Preto. Para que o pássaro não se enganasse, descreveu-a assim: "Seu semblante é redondo, sobrancelhas arqueadas, negros e finos cabelos, carnes de neve formadas". Que horror! Para mim, mulher que tenha carnes de neve deve ser um fantasma. Os fantasmas são brancos.

E o preto? Acho que é a única cor que tem o privilégio de ter dois nomes para designá-la: preto e negro. É curioso: embora indiquem uma mesma cor, parece que há uma diferença entre o negro e o preto. Negro é poético. Iracema, a virgem, tinha os cabelos negros como as penas da graúna. E se eu dissesse: "Iracema, a virgem que tinha os cabelos pretos como as penas do urubu"? As asas da graúna e as penas do urubu não têm a mesma cor? Então, por que a Iracema tinha os cabelos negros como as asas da graúna e não pode ter os cabelos pretos como as penas do urubu? Preto no urubu é feio. Na graúna é bonito. A noite é negra. Sobre ela muitos poemas foram escritos. Porque a noite é negra, pode-se ver a luz mágica das estrelas... Parece que a palavra que se usa dá o sentido à cor. Nos Estados Unidos, a palavra "negro" é feia, ofensiva. Mas "black is beautiful...". O preto é sinistro nas viúvas de Portugal, Espanha e Itália. O preto de suas roupas diz que elas estão enterradas vivas. Não mais se abrirão para o amor. Acho o negro muito bonito, dependendo da associação. Antigamente os velhos só se vestiam de cores tristes. Uma avó vestida de amarelo? Nem pensar!

As cores revelam os estados da alma. Alma é o lugar onde ficam guardados os sentimentos. As cores provocam os sentimentos.

Há cores que são calmantes.

Há cores que provocam alegria.

Outras provocam tristeza.

E as cores das casas? Que cores há nas paredes da sua casa? Você gosta delas? Ou preferiria que fossem outras? De que cores você pintaria a sua casa?

O costume é que as casas sejam pintadas de cores discretas (dicionário!): branco, gelo, marfim, amarelo-claro, cinza-claro, azul-claro. Mas o costume em algumas cidades do interior do Nordeste é que as casas sejam pintadas de cores vivas: amarelo-ovo, verde, azul-celeste, vermelho, roxo, rosa forte... As ruas ficam uma festa. As casas, coladas umas nas outras, todas de cores diferentes, como os lápis arrumados, um ao lado do outro, dentro de uma caixa de lápis de cor...

Há muitas profissões que trabalham com as cores.

Os químicos que fazem as tintas.

Os pintores que pintam as paredes.

Os arquitetos.

Os paisagistas e jardineiros.

Os fotógrafos.

Os produtores de filmes.

Os pintores de quadros.

Faça uma pesquisa sobre cores. Escolha um destes assuntos:

( ) As cores da natureza.
( ) Um pintor de quadros.
( ) As cores das casas.

Os perigos

A gente não pensa nisso, mas a casa é um lugar de perigos. As coisas mais inocentes podem ser mortais. Por exemplo, bolinhas de gude e botões. Crianças pequenas põem tudo o que pegam na boca. Uma bolinha de gude ou um botão podem ficar entalados na garganta da criança, provocando asfixia. Ela morre por não conseguir respirar. Conheci uma criança que enfiou um grão de feijão numa narina. Teve de ir para o hospital... Há sempre a possibilidade de um engasgo ser provocado por uma espinha de peixe.

Mesas baixas pontudas. Um escorregão, a cabeça batendo na ponta da mesa... Assim morreu um famoso artista de cinema, William Holden.

Escadas. É fácil escorregar ou tropeçar num degrau. Um conhecido meu morreu ao escorregar pela escada de sua casa. Quebrou o pescoço. Gabriel García Márquez, um maravilhoso contador de estórias, conta a estória de um homem, doutor Urbino, que, ao tentar pegar um louro que havia fugido da gaiola e subido numa mangueira, escorregou da escada de abrir, caiu e morreu... Mas é uma estória engraçada.

Banheiras e boxes de chuveiro têm pisos lisos e escorregadios, especialmente na hora do banho, com a água e o sabão.

Todos os pisos lisos, pisos de pedra e cerâmica, pisos lisos de madeira são perigosos. É preciso andar com cuidado quando estão molhados. Um escorregão para frente faz o corpo cair para trás, de costas, e a cabeça bate com força no chão. É muito perigoso. Às vezes o perigo está nos tapetinhos que escorregam quando a gente pisa neles.

Cristaleiras, portas de vidro: lindas! Mas perigosas. Se uma pessoa perder o equilíbrio e cair sobre o vidro, o vidro quebra e fica cheio de estilhaços pontudos. Já aconteceu comigo. Eu estava distraído, olhando para o chão, e fui atravessar uma porta que eu julgava aberta. Mas estava fechada. E era de vidro. Bati com a ponta da testa no vidro (eu estava olhando para baixo), o vidro estourou com grande barulho, eu caí para trás (felizmente; se tivesse caído para frente, poderia ter morrido!), a porta se estilhaçou, os pedaços de vidro caíram e cortaram minha perna, e eu tive de ir para o pronto-socorro.

Tomadas elétricas, fios descobertos... Choques elétricos são muito desagradáveis. Perigosíssimos se os pés estiverem molhados. Um amigo meu morreu quando regava a grama do seu jardim, descalço. Debaixo da grama havia um fio enterrado, descoberto. Ele pisou no fio.

Quando dois fios descobertos se tocam, há aquilo que se chama "curto-circuito", que produz faíscas. Muitos incêndios começam assim. Para apagar um fogo de curto-circuito jamais use água. A água aumenta o curto-circuito. O meio mais rápido de acabar com ele é desligando a chave central da eletricidade. Na sua casa, onde é que ela está localizada?

A cozinha é o lugar mais perigoso. Os perigos são vários.

Primeiro: esquecer o gás aberto, sem fogo. O gás vai enchendo o espaço. Se você tiver bom olfato sentirá o cheiro do gás. *Jamais aperte o acendedor do fogão* quando a cozinha estiver cheia de gás. O gás explode. Sei disso por experiência própria. Pus uma carne no forno e *pensei* ter acendido o fogo. Não acendi. Passados uns momentos, senti o cheiro do gás. "Não acendi o gás. Preciso acendê-lo", eu pensei. Aí apertei o botão que produz a faísca. O forno explodiu. Felizmente nada me aconteceu além do susto. Mas se o gás ficar aberto muito tempo, a cozinha fica cheia de gás e explode junto com o cozinheiro. Se o seu olfato for ruim e você não perceber o cheiro do gás, há o perigo de que você morra envenenado.

Segundo: as panelas com água quente. Uma vez, quando eu era menino, entrei na cozinha e dei uma topada na cozinheira que estava segurando pelo cabo uma panela cheia de água fervente. A água fervente caiu no meu braço e no meu peito; foi uma dor imensa; fiquei todo empolado, fui para o hospital e ainda hoje tenho marcas da queimadura. Na cozinha, nunca uma panela deve ficar com o cabo para fora do fogão. Especialmente se houver crianças na casa.

Terceiro: as crianças são fascinadas pelos fósforos e pelo fogo. Meu filho pequeno pegou uma caixa de fósforos, acendeu um, ficou encantado com a chama, a chama cresceu, pegou o dedo dele, e ele, para se livrar da queimadura, jogou o fósforo aceso no lixo que estava cheio de jornais, os jornais pegaram fogo, o fogo cresceu, pegou na cortina da janela... Felizmente nessa hora eu cheguei e apaguei o fogo.

Quarto: na cozinha estão as facas, os garfos e as tesouras. Todos furam. As facas, além de furarem, cortam. É proibido brincar com facas, tesouras de ponta e garfos.

Nas casas ricas, as piscinas. Muitas crianças pequenas já morreram afogadas em piscinas.

A gaveta dos remédios. Há crianças que veem os adultos tomando remédios e ficam com inveja. E, escondidas, tomam remédios que não deveriam tomar.

➔ Sugiro que você e seus pais examinem atentamente a sua casa para identificar os perigos.

➔ Existe, no programa da sua escola, uma parte destinada a ensinar o que fazer para prestar primeiros socorros a uma pessoa acidentada? O que fazer no caso de queimadura? O que fazer no caso de engasgo? O que fazer no caso de uma queda e uma perna quebrada? Como aplicar respiração boca a boca? Como parar uma hemorragia? O que fazer no caso de uma picada de aranha ou escorpião ou de uma queimadura de taturana? Sugestão para um trabalho: preparem um *Manual de primeiros socorros*. Vocês visitam alguns médicos e pedem que eles lhes digam o que fazer em caso de acidentes. Aí vocês publicam o manual e o distribuem por outras escolas! Com isso vocês até salvariam vidas!

O lixo

O cocô, o xixi e os puns são os lixos sólidos, líquidos e gasosos que o nosso corpo produz. O seu cheiro ruim nos diz que é preciso que nos livremos deles. E eles ficam incomodando, querendo sair. Se não o fizermos por causa de alguma doença, o corpo fica envenenado. Isso pode levar à morte. *Todo organismo que não se livra do seu lixo morre.*

As casas, como os corpos, também produzem o seu lixo. E é preciso que nos livremos dele. Para isso há, em toda casa, um lugar onde se coloca o lixo. Se a privada é a lixeira do cor-po, o depósito de lixo é a privada da casa.

Assim como os médicos pedem que façamos exames de fezes e de urina para ver como vai nossa saúde, vamos fazer um "exame" do nosso lixo. Uma pesquisa. Observe a lata de lixo da sua casa todos os dias, durante uma semana, e anote o que você viu lá. Vai adiante uma ficha de pesquisa para a sua orientação.

FICHA DE PESQUISA

Objeto de pesquisa: O lixo de minha casa

( ) Papel. Que tipos de papel?
( ) Garrafas de plástico. Que tipos de garrafas de plástico?
( ) Garrafas de vidro.
( ) Latas de refrigerante.
( ) Restos de comida.
( ) Cascas de frutas.
( ) Materiais de isopor.
( ) Caixinhas de leite longa vida.
( ) Maços de cigarro.
( ) Objetos quebrados.
( ) Esponjas de pia.
( ) Trapos.
( ) Fraldas.
( ) Aparelhos de barbear.
( ) Tubos de pasta de dente.
( ) Outros: ________________________.

➔ De que forma a sua casa se livra do lixo?

➔ O lixo é separado em tipos? Papel, restos de comida, latas de refrigerante, plásticos, garrafas?

Os serviços de coleta de lixo são coisa nova. Há alguns séculos, o lixo era simplesmente jogado nas ruas. Era preciso andar com atenção para não receber a urina de um penico na cabeça. Montanhas de lixo se acumulavam nas ruas e praças e eram morada de ratos, baratas, moscas e todo tipo de animais sujos. Aqueles montes de lixo imundos e fedorentos eram criadouros de germes que produziam doenças. Mas, naqueles tempos, não se sabia da existência dos germes invisíveis. Você vai perguntar: "Mas como é que as pessoas aguentavam a sujeira e o fedor?". A resposta é triste: nós nos acostumamos com qualquer coisa. Como elas não conheciam uma cidade limpa para fazer uma comparação, aquela imundície era, para elas, normal. E o nariz se acostuma com o fedor rapidamente.

Há sete séculos, num período da nossa história chamado Idade Média, as casas eram lugar onde conviviam seres humanos e animais. Isso ainda se encontra nas regiões mais pobres do Brasil: cães, gatos, galinhas, porcos, cabritos e papagaios andam livremente pelas casas. Já vi uma cama cuja cabeceira servia de poleiro para as galinhas. Não havia divisões internas. Havia uma única janela, quase sempre fechada para manter o calor da casa. O aquecimento era proporcionado por uma fogueira sempre acesa no centro da casa, de terra batida. Não havia chaminé. Só um buraco no teto para a saída da fumaça, mas que, por outro lado, deixava a chuva entrar... Normalmente era uma só cama muito larga onde dormia a família inteira. Os banhos eram considerados prejudiciais à saúde se tomados em excesso. Excesso queria dizer mais de duas vezes por ano. Vocês podem imaginar o cheiro de oito pessoas, dormindo numa mesma cama, sem tomar banho por seis meses?

Os narizes tinham de estar acostumados... As roupas eram lavadas raramente, duas ou três vezes por ano, devido à raridade e ao custo do sabão. Eram moradia de pulgas, piolhos, percevejos e traças. Uma diversão familiar era catar piolho, como forma de lazer...

Essas condições de imundície foram a causa de uma peste que assolou a Europa durante a Idade Média, matando milhões de pessoas. De cada três pessoas, uma morreu. A peste negra, como era chamada, era provocada pelo bacilo *Pasteurella pestis*, que foi descoberto em 1894. Mas, naqueles tempos, eles nada sabiam sobre bacilos. Achavam que a peste era um castigo de Deus...

* * *

- ➔ Se na sua cidade há um serviço de coleta de lixo, os caminhões de lixo levarão todos os resíduos. Para onde?
- ➔ Lembre-se de que para o lixo também vale a lei de Lavoisier: você pode mudar o lixo de lugar e transformá-lo, mas não pode fazê-lo desaparecer. Muitas pessoas jogam lixo em terrenos baldios, nas ruas (se ninguém estiver olhando...), nas margens de rios, nas margens das estradas e até mesmo dentro dos rios. Na cidade de Campinas, onde vivo, há uma fazenda para pesquisas, que pertence ao Instituto Agronômico. É um lugar maravilhoso. Pois os moradores de um bairro vizinho se livravam do seu lixo jogando-o por cima dos muros da fazenda. Visitei uma cidade famosa por sua feira de artesanato. Os campos ao seu redor estavam cobertos de sacos de plástico, cheios de lixo. Pensei que, se fosse prefeito daquela cidade, a primeira coisa que eu faria seria convocar toda a população, juiz, promotor, padre, médicos, dentistas, professores, alunos, adultos, velhos e crianças, maridos e esposas, para um mutirão de limpeza. Depois, plantaríamos árvores nos campos...

- Os entendidos calcularam que cada pessoa da Terra produz, em média, 1 quilo de lixo por dia. Mas isso é "média". Os pobres não produzem quase nada. Os ricos produzem muitos quilos de lixo. Os países ricos são os que mais sujam o nosso planeta. Faça o cálculo, semelhante ao que fizemos para o cocô. Se uma pessoa produz 1 quilo de lixo por dia, uma cidade de 1.000.000 de habitantes produzirá 1.000.000 quilos de lixo por dia, ou seja, 1.000 toneladas. Em um ano, essa cidade produzirá 365 (número de dias do ano) vezes 1.000 toneladas, o que dá 365.000 toneladas. E a Terra, com 6.000.000.000 (seis bilhões) de habitantes, quantas toneladas de lixo ela recebe anualmente no meio ambiente? Meio ambiente é tudo à nossa volta: terras, rios, mares, oceanos, atmosfera.
- Índio não produz lixo. Ou melhor, só produz lixo chamado biodegradável, lixo que volta a ser terra, lixo que é bom para a vida. Os índios amam a natureza mais do que nós.
- Por que será que os ricos são aqueles que mais lixo produzem? É fácil entender: quem come pouquinho faz pouquinho cocô. Quem come muito faz montanhas... Os ricos são os que mais comem: comem carros, geladeiras, máquinas de lavar roupa, computadores, roupas... Os carros, as geladeiras, as máquinas de lavar roupa, os computadores ficam logo velhos e têm de ser jogados fora, trocados por outros, mais modernos. Toda vez que se compra uma coisa nova joga-se a velha no lixo. Essa comilança de coisas dos ricos tem o nome de "consumo". Dizem que vivemos num mundo de consumo: todo mundo quer comprar. Você mesmo, você mesma, não tem vontade de comprar tudo o que vê? Preste atenção nos anúncios de televisão: quase todos querem nos convencer a comprar coisas novas. De onde vêm as coisas novas que são compradas? Elas são produzidas pelas fábricas. As fábricas dão

muitos empregos, o que é bom. Pessoas que têm bons empregos ganham bons salários e com esses salários elas também podem comprar coisas novas e jogar fora as velhas... E o lixo vai aumentando.

➔ Tudo o que acontece entre "produzir" e "vender" tem o nome de economia. A economia não está preocupada com a preservação da natureza. Ela só se preocupa com o "lucro". Mas há muitas pessoas que lutam para que a economia esteja a serviço da preservação da natureza e da vida.

➔ As cidades mais ricas e mais modernas, para se livrar do lixo, fazem buracos com tratores e aí enterram o seu lixo. Esse lugar tem o nome de *aterro sanitário*. Acontece que muitos dos materiais enterrados entram em decomposição, produzindo gases, exatamente o que acontece com a comida, no processo de digestão: ela produz gases. Como já sabemos, os gases que o intestino produz, os puns, são inflamáveis. Os gases que o lixo produz são também inflamáveis. Se esses gases ficassem dentro do aterro sanitário, aconteceria o mesmo que acontece com uma bexiga que vai se enchendo com ar, sem parar. A bexiga arrebenta. Os gases do aterro sanitário explodiriam. Assim, para evitar que isso aconteça, colocam-se canos fincados na terra até o lugar do lixo, para que o gás possa sair. Esses canos são os muitos "ânus" por onde saem os puns do lixo. Ânus é aquele buraquinho no meio das nádegas por onde saem o cocô e o pum. Para que esses gases não empesteiem o ar com o seu fedor, eles são acesos, no lugar onde saem.

➔ Imagine agora os gases de todos os automóveis do mundo.

➔ As fumaças de todas as fábricas do mundo.

➔ Os lixos contaminados de todos os hospitais do mundo.

➔ Os lixos atômicos.

Nosso corpo tem buraquinhos pelos quais ele se livra do seu lixo. Esses buraquinhos têm o nome científico de "esfíncteres"! Mas a nossa Terra, nossa casa, não tem buraquinhos. Imagine um fogão de lenha sem chaminé. A chaminé é o esfíncter do fogão de lenha. Para onde vai a fumaça? Sem chaminé, a fumaça enche a casa. Panela de pressão sem válvula de segurança? A válvula de segurança é aquele furinho pelo qual passa o vapor, chiando. O que acontece com a panela? Ela explode. *Nossa Terra não tem um jeito de se livrar do seu lixo.* O lixo que produzimos fica dentro dela. E ela está sendo envenenada aos poucos por aquilo a que damos o nome de progresso... De vez em quando, há uma mortandade de peixes nos rios. De vez em quando, o ar das cidades fica envenenado: as pessoas ficam com doenças pulmonares e olhos vermelhos, lacrimejando. De vez em quando, um navio petroleiro (petroleiro = navio que transporta petróleo, óleo de onde se extrai a gasolina) sofre um furo no casco, e o petróleo, negro, visguento e venenoso, cobre o mar. Morrem as aves cobertas de petróleo. Morrem os peixes. E as ondas levam o petróleo para as praias, que ficam negras.

Alguns lixos são bons para a Terra. Esses lixos são chamados de *biodegradáveis*. Biodegradável ("bio" = vida) quer dizer: que a vida come. Os cocôs de vaca, de cavalo, de galinha são transformados em adubo que enriquece a terra que, assim, fica mais fértil. Tenho, no meu sítio, um buraco onde coloco cascas de frutas, restos de legumes, pó de café usado, cascas de ovo e cubro com terra. Depois de algum tempo, esse lixo apodrece e se transforma em adubo, que fertiliza o solo. A verdura da floresta amazônica se deve, em grande medida, às folhas mortas que caem das árvores, apodrecem e enriquecem a terra. São as folhas que caem das árvores que tornam o solo rico, permitindo a existência da floresta. A terra lá, sem as folhas apodrecidas, é como a areia de uma praia. Se continuarem a destruir a floresta como estão destruindo, para ganhar dinheiro com a madeira, a plantação de soja e o gado, a floresta desaparecerá e aquela região se transformará num deserto parecido com o deserto de Saara. Para essas pessoas, ficar rico é mais importante que viver.

Um dia eu estava passeando no barco a vela de um amigo, nos Estados Unidos. Estávamos sozinhos, no meio daquele mar imenso. Ele me deu uma lata de refrigerante. Eu abri a tampinha e a joguei dentro d'água: tão grande o mar, tão pequenina a tampa... Ele ficou muito bravo comigo e me disse que aquela tampinha ficaria muitos anos no fundo do mar, antes que desaparecesse.

➔ Há lixos terríveis que não apodrecem, permanecem para sempre: não são biodegradáveis. A Terra não pode com eles. Tudo o que comemos é biodegradável. A digestão transforma tudo em alimento. O que sobra, que não é alimento, é posto para fora. Imagine agora uma coisa louca: que no seu prato de comida, todos os dias, haja também pregos, bolas de gude, botões, bolinhas de isopor. Essas coisas não podem ser digeridas pelo corpo. Não podem ficar dentro dele. Ou o corpo se livra delas, pelo ânus, ou elas têm de ser retiradas por meio de uma cirurgia. Acontece igual com a Terra. Ela recebe muitas coisas que se transformam em alimento. Essas coisas a tornam mais saudável. Mas há muitas outras coisas que ela não consegue digerir. Milhões de pneus, bilhões de garrafas de plástico, sacos de plástico, objetos de isopor, carros velhos, geladeiras velhas, fogões velhos, noite e dia, sem parar... Uma garrafa de plástico que jogamos numa floresta, num rio ou no mar – ela ainda estará lá daqui a dez mil anos, sem poder ser digerida pela natureza. Milhões de pessoas jogando esses lixos constantemente na natureza sem que ela nada possa fazer com eles... Preste atenção em você e nas pessoas, e anote o que elas vão jogando fora quando andam, pelas janelas dos carros. O que acontecerá com os mares, com os rios, com as matas, com a atmosfera? Lembre-se: o veneno que foi colocado lá não tem nem por onde nem para onde sair. A Terra, casa onde moramos, vai morrer envenenada? E nós com ela?

➔ Mas muitos desses materiais que não são biodegradáveis podem ser *reciclados*. Reciclar é assim: a gente não joga o objeto no lixo; a gente faz uma outra coisa com ele. O objeto fica sendo "matéria-prima" para fazer um outro. Um amigo usa garrafas de plástico para fazer vasos interessantíssimos, que podem ser pendurados nas varandas ou nos jardins. Ouvi dizer que os pneus velhos – um dos piores lixos, por não serem biodegradáveis – podem ser misturados com o asfalto, aumentando a sua qualidade. Nas embalagens de leite longa vida, que não são biodegradáveis, está escrito: "Preserve a natureza – Recicle a embalagem". É isso mesmo! Mas falar é mais fácil que fazer! A maioria das pessoas acha que uma embalagem só não faz diferença, nem sabe o que fazer para reciclar uma embalagem de leite longa vida!

➔ Muitas pessoas vivem aproveitando as coisas que são jogadas no lixo. Eu vivi nos Estados Unidos. Perto da minha casa havia um lixão. Vocês se espantariam com as coisas que eram colocadas lá: mesas, cadeiras, liquidificadores, tapetes – tudo em condições muito boas. Elas haviam jogado fora essas coisas porque haviam comprado outras, novas. Eu peguei uma mesa de fórmica e levei para a minha casa. Ficou na minha casa por três anos. E quando voltei para o Brasil eu a vendi por cinco dólares... Fale com sua professora, professor, pai e mãe, para ler e contar para você o que diz o livro *Os empresários do lixo* (Márcio Magera. Campinas: Átomo). Esse livro é sobre as pessoas que ganham a vida catando, nos lixos, as coisas que jogamos fora por não mais terem utilidade para nós. Mas elas sabem que as coisas que jogamos fora podem ter utilidade, isto é, podem ser usadas. Os catadores de papel e papelão, que vocês já devem ter visto, fazem parte desse grupo.

Veja você que coisa mais interessante: começamos no lixo da sua casa e chegamos ao destino da nossa Terra!

➔ Faça com seus colegas e professores uma campanha para que a coleta de lixo separe os tipos diferentes de lixo. Depósitos separados para vidros, plásticos, papéis, metais, produtos orgânicos (cascas de laranja, de banana, restos de comida etc.). Isso vai tornar possível a "reciclagem" do lixo. Primeiro na sua escola. Depois na cidade inteira. Isso, é claro, se ainda não houver coleta seletiva de lixo em sua cidade. E faça uma visita ao prefeito para lhe falar do problema do lixo no mundo e das coisas que podem ser feitas na sua cidade.

O corpo é uma casa

Construímos casas onde viver. Casas pequenas. Mas a Terra é a casa de todas as casas. Temos de cuidar da Terra como cuidamos de nossa casa.

Mas você sabia que o seu corpo é uma casa onde moram bilhões de criaturas?

Casa não é um lugar para se morar? Quem mora nessa casa que se chama corpo?

Vou transcrever (transcrever = copiar) alguns parágrafos de um artigo que apareceu na revista *Geographic Magazine*, de novembro de 2005, com o título em inglês "Who Knew?" – em português, "Quem sabia?". O autor é Joel Achenbach.

Se você fosse contar todas as células que há no seu corpo, a vasta maioria seriam micróbios [da língua grega: "micro" = pequeno; "bio" = vida]. Eles estão em todos os lugares. Eles estão nos seus olhos, na sua boca, no seu nariz, nos seus ouvidos e sobre toda a sua pele. Eles incluem criaturas microscópicas [do grego "micro" = pequeno e *skopein* = ver] que, se aumentadas, se parecem com os monstros dos filmes de horror. Esses organismos não humanos são particularmente abundantes dentro de nós. Há, nos intestinos, cerca de cem trilhões (100.000.000.000.000) de micro-organismos. O que é claro é que esses micróbios não são um punhado de invasores. Nós progredimos juntos. O corpo humano é um ecossistema complexo – quase uma biosfera. [Pergunte a alguém o que é "biosfera". "Bio" você já sabe o que é. E "esfera"... Uma esfera viva? O que é essa esfera viva?] Os micróbios que vivem dentro de nós executam funções muito importantes. Ajudam a digerir a comida, produzem vitaminas e defendem-nos de doenças. Essa "aliança estratégica", essa "simbiose" [de novo, da língua grega: "sin" = com; "bios". Coisas vivas que fazem uma sociedade de ajuda mútua] "entre mamíferos" [mamíferos, que mamam. Nós, gatos, cachorros, cavalos... Sapos, cobras, aves não são mamíferos] data de milhões de anos atrás.

Então, o seu corpo é uma casa onde moram trilhões de habitantes microscópicos. Imagine que, do lado de fora do corpo, essas criaturas são como mansas vaquinhas invisíveis pastando na sua pele. E elas cuidam para que essa pastagem esteja cada vez melhor. Do lado de dentro do corpo elas são como peixes nadando em cavernas no fundo de um mar escuro... E elas cuidam para que esse mar lhes seja cada vez mais propício. Elas sabem que, se os pastos de fora e os mares de dentro ficam ruins, a casa cai e elas ficam sem comida. São mais inteligentes que nós.

Mas há os micróbios invasores que entram no corpo como exércitos e causam pneumonia, Aids, inflamações, infecções.

O jardim

Pássaro engaiolado sonha com ___________.

Galinha com fome sonha com____________.

Náufrago num bote, no meio do mar, sonha com_____________.

Mendigo em noite de frio, na rua, sonha com _________________.

A gente sonha sempre com aquilo que nos está faltando.

Imagine um povo, sem terra, caminhando durante anos e anos pelo deserto; no deserto não há água, não chove; no deserto não há árvores nem sombra. Esse povo começou a sonhar com um jardim. Eles pensavam: "Em algum lugar deste deserto, há de haver um jardim com fontes de água fresca onde nadar, palmeiras, árvores carregadas com os frutos mais coloridos e mais deliciosos...". Foi desses sonhos que surgiu um dos mais belos poemas jamais escritos, o poema do Paraíso, do Jardim do Éden.

Conta esse poema que, no princípio de todas as coisas – pois tudo há de ter um princípio; o universo teve um princípio numa grande explosão, há 14.000.000.000 (catorze bilhões) de anos, a que os astrônomos deram o nome de *big-bang*, que, traduzido para o português, é "grande estouro"... –, tudo era escuro, um mar furioso varrido por um furacão gigantesco. Nada se via. Só se ouviam o uivo do vento e o barulho das ondas. Mas Deus não gostava disso. Era muito feio. Não havia cores. Não havia música. E ele (ou ela... ninguém sabe direito o sexo de Deus) começou a sonhar com uma coisa muito bonita que poderia amar, se existisse. E pôs mãos à obra. Ordenou que a luz aparecesse, e tudo ficou iluminado com as cores do arco-íris. Formou então as galáxias, as estrelas para brilharem durante a noite, o Sol para iluminar o dia, a Lua, iluminando de noite. Criou então a nossa Terra. E na nossa Terra escolheu um pequeno lugar onde plantou um jardim cheio de riachinhos, cachoeiras, lagos, flores, árvores, pássaros, animais. E era tão bonito que Deus desceu do céu onde morava e passou a morar no Paraíso. E à brisa fresca da tarde ele ou ela passeava pela grama de pés descalços, sentindo o perfume das flores e feliz pelo jardim que plantara. Mas aí Deus pensou: "Que bom seria se houvesse companheiros que gozassem desses prazeres". Deus então criou o homem e a mulher. O homem foi formado com o barro da terra. Mas a mulher foi formada de um pedaço do corpo do homem, tirado de junto do seu coração. E Deus lhes disse que tudo aquilo era para a sua felicidade. E para que o jardim estivesse sempre bonito, Deus mandou que os dois fossem jardineiros. Eles viveriam para cuidar do jardim...

Leia este poema sobre o jardim, da Cecília Meireles (é um poema fácil de decorar):

No mistério do sem-fim
equilibra-se um planeta.

E, no planeta, um jardim,
e, no jardim, um canteiro;
no canteiro uma violeta.
e, sobre ela, o dia inteiro,

entre o planeta e o sem-fim,
a asa de uma borboleta.

Mas alguma coisa que não entendemos bem aconteceu, e perdemos o Paraíso. Mas o Paraíso continua a existir dentro de nós, como sonho. Sonhamos com os jardins. Os jardins nos trazem alegria.

➔ Conta-se que um rei da cidade de Babilônia, muitos séculos atrás, casou-se com uma princesa de um país cheio de montanhas, riachos, florestas e jardins. Mas Babilônia era uma cidade no meio do deserto árido, sem riachos, sem florestas verdes, sem montanhas. A princesa ficou muito triste, com saudade da sua terra. Chorava sem parar. E ele a amava muito... Sabem o que ele fez? Mandou construir jardins maravilhosos, em diversos níveis, imitando as montanhas, para que ela ficasse feliz. Esses jardins – que não existem mais – ficaram conhecidos como "os jardins suspensos de Babilônia", que eram considerados uma das sete maravilhas do mundo. E as outras seis maravilhas? Quais eram? Acho que você encontrará a resposta na Internet.

E é por isso que as casas só de tijolo e cimento nos fazem infelizes. Sentimos o mesmo que sentiu a princesa. Não nascemos para viver em casas de tijolo e cimento. Nascemos para viver num jardim.

Então, vamos plantar o nosso jardim.

Você vai dizer: moro em apartamento. Moro em barraco espremido em favela. Minha casa não tem terra para plantar jardim. Pois eu vou lhe mostrar que, até não tendo terra, é possível plantar um jardim!

Leia este poema (também fácil de decorar) de Emily Dickinson:

Para se plantar uma campina
Basta um trevo e uma abelha.
Um trevo, uma abelha
E fantasia.
Ou apenas fantasia,
Na falta de abelhas.

Qual é a primeira coisa para se plantar um jardim?

Se você não tem terra, você pode plantar um jardim vertical usando garrafas de plástico! Você acha que estou doido?

Pois eu tenho um amigo, Hans Born, que fez um jardim vertical com garrafas de plástico. Ele faz orifícios em várias garrafas, amarra as garrafas umas nas outras, põe terra fértil até atingir a altura do buraco e planta o que quiser. Você pode pendurar o seu jardim onde quiser, até mesmo no seu quarto.

Os japoneses são especialistas em fazer coisas bem pequenas. Fazem dobraduras de papel chamadas *origamis*, com a forma de animais e objetos.

Fazem poemas bem pequenos chamados *haicais*, que são uma delícia. Por exemplo:

O velho lago...
O ruído do salto
Da rã na água.
(Bashô Matsuo, 1644-1694)

Libélula voando
para um instante e lança
sua sombra no chão.
(Masuda Goga, 1911-)

E fazem árvores miniaturas chamadas *bonsais*.

Fazem jardins bem pequenos que podem ser colocados numa mesa, com pedras, lagos e plantas. Eles fazem também jardins só com areia e pedras. Eles "penteiam" a areia nas formas mais variadas, com um pente de madeira.

Outra maneira de ter um jardim sem ter terra é fazer com que as crianças da sua escola, em combinação com a prefeitura da sua cidade, cuidem de uma praça. O jardim não será só seu. Será um jardim de todos. E vocês colocarão no jardim uma placa dizendo: "Este jardim está sendo cuidado pelas crianças da Escola ______________________". Complementem a frase com o nome da sua escola. Os que passarem ficarão felizes e, sabendo que o jardim é cuidado por crianças, não jogarão lixo nele.

➔ Os adultos precisam ser educados. Eles jogam nos jardins maços e bitucas de cigarro, copinhos de plástico, latas de refrigerante. Pessoas que jogam lixo nos jardins são inimigas da natureza.

➔ Um amigo meu foi à Alemanha e, na cidade de Munique, foi visitar uma feira de jardins. Havia jardins de todos os tipos. Jardins japoneses, jardins ingleses, jardins franceses... Em meio àquela beleza, ele se assustou ao ver um terreno feio, sem plantas, cheio de ervas daninhas, espinhos, pedras. Curioso, ele procurou um guarda e perguntou: "Por que é que vocês deixaram esse espaço tão feio no meio de jardins tão bonitos?". O guarda respondeu: "Esse é o jardim natural. É a natureza que não foi cuidada pelo homem...". Aí, meu amigo entendeu que os jardins só acontecem quando os homens cuidam da natureza. Um jardim é um pedaço da natureza transformado pelo trabalho. É a natureza transformada em amiga.

➔ Depois de ter o sonho do seu jardim na cabeça, você terá de pensar nas plantas que vai plantar. Mas, para isso, você terá de conhecer as plantas, como elas crescem, se ficam grandes ou rasteiras, se têm perfume ou não, se gostam de muito de sol ou de sombra. Minha filha Raquel é paisagista. Ela pensa e planta jardins. Ela conhece as plantas, sabe os seus nomes. Foi ela que planejou e plantou o meu jardim. Seria bom se vocês convidassem um jardineiro ou paisagista para lhes ensinar sobre as plantas. Se você quiser ver o jardim que ela fez para mim (tem um laguinho com cachoeira e peixes!), entre no meu *site* www.rubemalves.com.br.

Primeiro sonhar.
Depois conhecer.
Agora é hora de trabalhar.

Ferramentas para trabalhar o jardim: enxadas, enxadões, pás grandes, pazinhas, rastelo (que alguns chamam de ancinho), canivete, tesoura de podar, regador, mangueira para regar.

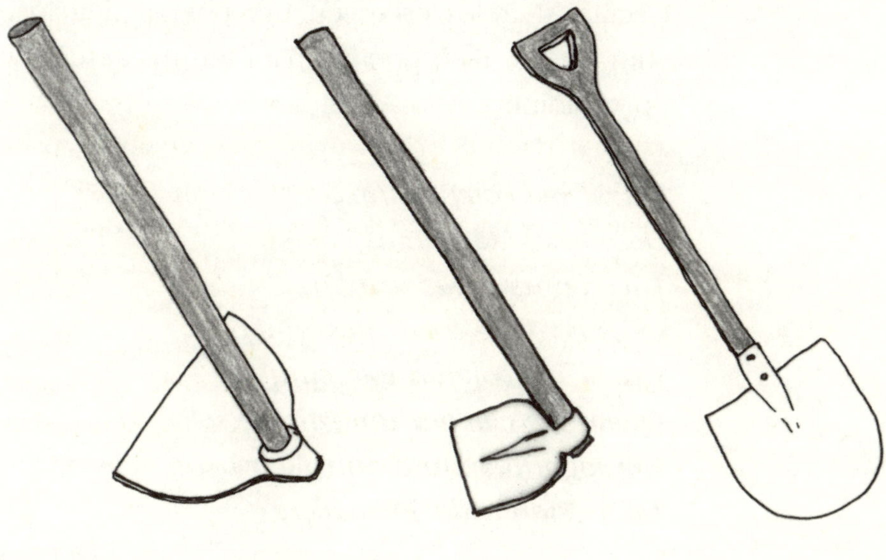

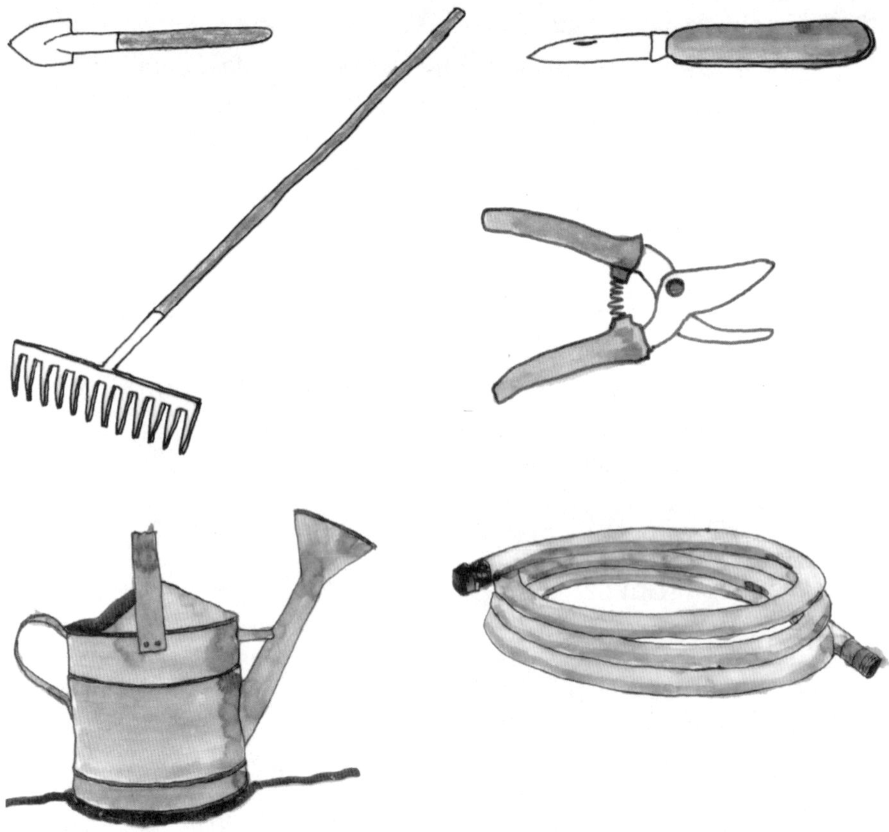

Cecília Meireles escreveu um poema delicioso sobre um jardim. Esse poema, para ter graça, tem de ser lido rapidinho!

Quem me compra um jardim com flores?
Borboletas de muitas cores
Lavadeiras e passarinhos,
Ovos verdes e azuis nos ninhos?
Quem me compra este caracol?
Quem me compra um raio de sol?
Um lagarto entre o muro e a hera,
Uma estátua da Primavera?

Quem me compra este formigueiro?
E este sapo, que é jardineiro?
E a cigarra e a sua canção?
E o grilinho dentro do chão?
Este é o meu leilão!

Você sabe o que é "leilão"? Peça para seu professor ou sua professora lhe explicar.

Jardim nasce do trabalho e dá trabalho. Jardim abandonado vira mato. A terra tem de ser fofa. Para afofar a terra é preciso usar enxadas e pazinhas. A terra tem de ser boa. Precisa de esterco. É preciso misturar o esterco com a terra. E é preciso regar. Sol, terra, água...

➔ Você se lembra do que falamos sobre o lixo, o lixo que é biodegradável? Pó de café, cascas de frutas e verduras, depois de apodrecidas pela terra. É importante ter um lugar para produzir esse esterco que será utilizado nas plantas. As minhocas são importantes. Elas vão andando dentro da terra, afofando-a. Quando há minhocas, pode-se saber que a terra é boa.

Plantadas as plantas, regadas todo dia, elas ficam felizes. Crescem. E é preciso cuidar delas. Arrancar as ervas daninhas – ervas que não estavam no sonho. Os trevos são ervas daninhas. Crescem sem parar. Precisam ser arrancados. Mas eu tenho dó. Porque as flores do trevo são tão bonitas! Quem sabe você poderá separar um cantinho do seu jardim para deixar os trevos crescerem...

Feito o jardim, ele se enche de vida.

➔ Quem gosta muito de jardins é a Adélia Prado, poetisa de Minas Gerais. Leia este poema gostoso que ela escreveu:

Nasceu no meu jardim um pé de mato
que dá flor amarela.
Toda manhã vou lá pra escutar a zoeira
Da insetaria em festa.
Tem zoado de todo jeito:
Tem do grosso, do fino, de aprendiz e mestre.
É pata, é asa, é boca, é bico,
É grão de poeira e pólen na fogueira do sol.
Parece que a arvorezinha conversa.

Vêm as borboletas coloridas. Antes de serem borboletas voantes elas eram lagartas moles e feias... Danadas, para se transformarem em borboletas elas têm de comer folhas, muitas folhas. E se transformam em pragas no jardim. É estranho: as borboletas são a alegria dos jardins, mas as lagartas são a tristeza dos jardins...

Depois vêm os passarinhos.

Os passarinhos procuram os jardins por gostarem da natureza e para comerem os bichinhos, inclusive as lagartas. Se eles gostarem do jardim, vão dar um jeito de fazer ninhos, botar ovos e chocar filhotinhos. Seu jardim vai se transformar num criadouro de pássaros. Isso não é uma felicidade?

Mas o jardim será nada se você não gostar dele. E a gente gosta é com os sentidos. Que são os sentidos? Acho difícil explicar. Sentidos são:

➔ A visão, o que os olhos veem. Que veem os olhos? Os olhos veem cores e veem formas. O jardim está cheio de cores. E as formas: cada flor é de um jeito. Se você, na sua imaginação, tirar a cor de um objeto, fica a forma. Eis aqui algumas das formas que você encontra num jardim:

➔ O olfato. Cheiros, perfumes, fedores. Cada flor tem um cheiro. Os jasmins, as rosas, as flores de laranjeira, as flores de jabuticabeira. Há algumas flores que não têm perfume. Têm é fedor. Especialmente as plantas carnívoras, plantas que se alimentam de insetos. Essas flores têm um cheiro que agrada aos insetos. Eles se sentem atraídos. Pousam na flor. E ela se fecha sobre eles, que ficam presos. A planta, então, digere-os...

➔ A audição. Sons. O canto dos pássaros. O zumbido das abelhas e das cigarras. O barulho das folhas agitadas pelo vento. O barulho das fontes. O silêncio. É bom ouvir o silêncio da natureza, sem a perturbação agitada do som das músicas no rádio.

➔ O paladar. O paladar, ou gosto, está especialmente nas frutas. Você poderia plantar umas mudas de morango. Morangos são vermelhos. Deliciosos com *chantilly*. Escrevi uma estória sobre um morango. O livro se chama *Os morangos*. As flores das madressilvas são doces. Tanto é verdade que essa flor, em inglês, se chama *honeysuckle*. *Honey*, em inglês, é mel. Quando eu era menino, gostava de apanhar flores de madressilva para chupar o melzinho doce que há dentro delas.

Essa era a flor preferida de Shakespeare. Quem foi Shakespeare? Um grande escritor inglês. Ele escrevia peças de teatro.

➔ Tato é o que a pele sente. O frio da água. Ah, a delícia de um banho de esguicho num dia de calor! O calor do sol na pele. O vento. Há banho de água. Há banho de sol. Deve haver banho de vento: o vento batendo na pele...

Os olhos

Os olhos são as lâmpadas do corpo.
Se os teus olhos forem bons, o teu mundo será um arco-íris. Mas se eles forem maus, o teu mundo será uma escuridão completa.
(Jesus Cristo, paráfrase)

São todos olhos. Mas são todos diferentes.

Adivinhe de que bichos são esses olhos?

Alguns animais não possuem olhos. Por exemplo, as minhocas.

Não tendo olhos, no mundo das minhocas não há nem árvores, nem casas, nem montanhas, nem nuvens.

Nós, quando conversamos, o tempo todo falamos sobre coisas que vemos. Imagine, só de brincadeira, que as minhocas conversam. Lembre-se: elas não veem nada, nunca viram nada. Sobre o que elas falariam?

Se não tivéssemos olhos – se fôssemos cegos –, no nosso mundo não haveria nuvens, arco-íris, cores. Sim, haveria flores. Sentiríamos o seu perfume. Poderíamos, com a mão, perceber a sua forma. E até mesmo provar o seu gosto. Muitas flores são gostosas de comer e são servidas em saladas. Mas cores elas não teriam. Um mundo sem cores: casas sem cor, árvores sem cor, roupas sem cor, comida sem cor... Isso não quer dizer que tudo seria preto. Quer dizer que não haveria cores, nem mesmo o preto. Como seria um mundo sem cores?

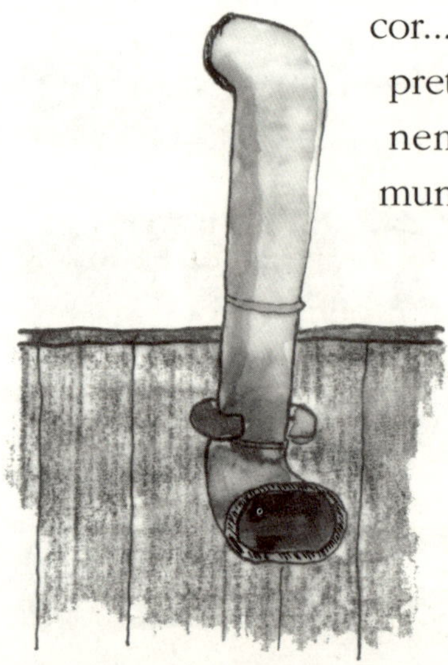

Há uns bichos que têm uns olhos gozados. Você já viu os olhos de um caracol? Vá ver, num jardim. É especialmente nos dias úmidos que os caracóis saem de suas casas e se põem a andar. O olho deles se parece com um periscópio (Internet!). Você sabe o que é um periscópio? O que acontece se a gente tocar o olho dele?

E os olhos dos caranguejos?

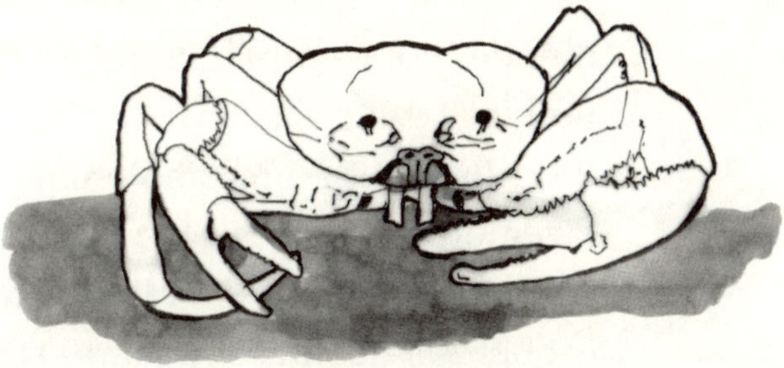

Você quer saber o que é um periscópio?

Um periscópio é um aparelho para a gente ver coisas que estão depois de algum obstáculo.

Nos submarinos – navios que navegam debaixo d'água –, usam-se periscópios para ver fora d'água.

O olho só vê em linha reta. Mas, com o auxílio de um periscópio, é como se a gente visse o que se encontra num lugar que não dá para enxergar diretamente. Como é que o olho vê num periscópio, que é um objeto que tem duas esquinas? Por meio de espelhos. Os espelhos obrigam a luz a dobrar

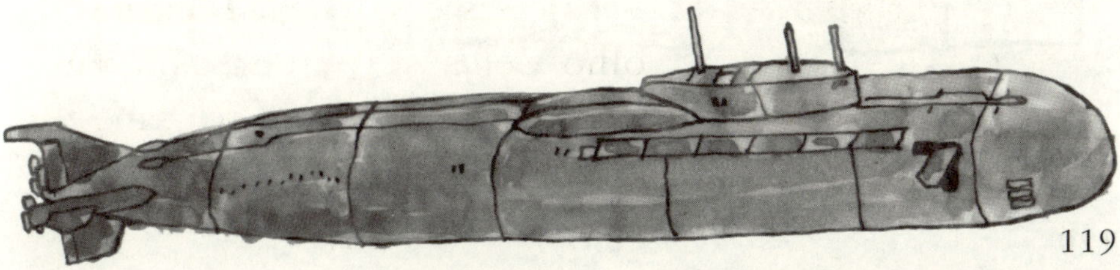

esquinas. Com dois espelhos a gente consegue até ver a própria nuca. Pegue dois espelhos e veja a sua nuca.

Houve um homem chamado Monteiro Lobato que escreveu muitas estórias para crianças. Nas suas estórias havia sempre os mesmos personagens: Pedrinho, Narizinho Arrebitado, o Burro Falante, o Visconde de Sabugosa, o Rabicó, a Emília. A Emília era uma boneca de pano, muito falante e inventadeira de coisas. Achou que havia muita coisa errada no mundo. Por exemplo: os rabos das vacas deviam estar no meio das costas, para espantar moscas do traseiro e do focinho, ao mesmo tempo. Ela se pôs, então, a fazer uma revolução no mundo. E uma das coisas que ela fez foi pôr um olho na nuca, para a gente ver o que está acontecendo atrás da gente. O que é que você acha dessa ideia?

Tem uma brincadeira que é assim:

uma casinha (o rosto)
duas janelinhas (os olhos)
uma portinha (a boca)
e uma campainha: primmmmmm! (o nariz)

Os olhos são as janelas do corpo.

Vá passear perto de uma lagoa de água mansinha. As árvores, as nuvens, os bichos, as casas que estão do lado de fora da lagoa aparecem *refletidos* na água da lagoa. Assim são os nossos olhos: como se fossem uma lagoa onde as coisas aparecem refletidas. Quando a gente abre os olhos, abrem-se as janelas do corpo, e o mundo aparece refletido, dentro da gente.

Não é incrível que dentro dos olhos, tão pequenos, caibam coisas grandes como montanhas, edifícios, vacas, girafas, elefantes, aviões e navios?

Se você fechar os olhos, é como se as árvores, as casas, as nuvens deixassem de existir.

Os olhos, por vezes, servem de empregados do corpo. O corpo é o patrão: dá as ordens. Os olhos obedecem. Eles *ajudam* o corpo a *fazer* coisas: ajudam as *pernas* a andar sem esbarrar nos móveis, a chutar bola, a jogar amarelinha; ajudam as *mãos* a enfiar a chave no buraco da fechadura, a jogar bilboquê, a armar o quebra-cabeça, a jogar bolinha de gude.

Será que os olhos podem ajudar os *ouvidos*, o *nariz*, a *boca*? Como?

Mas, por vezes, eles viram *patrões*. Não aceitam ordens. Fazem aquilo que é gostoso, que dá prazer. Querem é se *divertir* com as coisas que eles veem.

As coisas são divertidas quando a gente presta atenção nelas. A gente brinca com pipa e bolinha de gude, boneca e fogãozinho. Os olhos gostam de brincar com tudo o que se pode ver.

Para a gente brincar com os brinquedos, os brinquedos precisam estar perto das mãos. Mas os olhos podem brincar com coisas que estão longe, muito longe.

Os olhos podem brincar com as nuvens: agora a nuvem se parece com uma cafeteira, agora virou um cisne, está se transformando num navio...

Podem brincar com o arco-íris, com um bem-te-vi no alto de uma árvore. Com uma vantagem: se a gente quiser brincar com o bem-te-vi com as mãos, ele voa. Mas quando a gente está brincando com ele com os olhos, ele nem percebe.

Agora tente prestar atenção no jeito de ver dos bichos que há no jardim. Será que todos eles veem a mesma coisa?

Os olhos do bem-te-vi procuram bichinhos.

Os olhos das abelhas procuram flores.

Os olhos das galinhas procuram minhocas.

Os olhos do sapo procuram moscas.

Os olhos do jardineiro procuram um broto que nasce no lugar onde ele plantou uma semente.

Os olhos do namorado procuram uma flor para dar para a namorada.

Os olhos *procuram* aquilo que o corpo está desejando.

Os olhos das crianças acham tudo interessante: a água da fonte, a teia de aranha, as abelhas de flor em flor, as formigas subindo pelos troncos das árvores, os ninhos, os passarinhos, as frutas, as flores, os caminhos...

Há muitas maneiras diferentes de ver.

Haverá uma maneira certa de ver?

* * *

Para os grandes

Abaixo vão alguns poemas. Eu os coloquei aí para que os grandes os leiam.

Não basta abrir a janela
Para ver os campos e o rio.
Não é bastante não ser cego
Para ver as árvores e as flores.
(Alberto Caeiro)

As três tarefas para as quais os educadores são necessários: é preciso aprender a ver, é preciso aprender a pensar, é preciso aprender a falar e a escrever...
(Nietzsche)

O sentido da vida é ver.
(Hui-Neng)

(...)
O essencial é saber ver,
Saber ver sem estar a pensar,
Saber ver quando se vê,
E nem pensar quando se vê
Nem ver quando se pensa.
Mas isso (tristes de nós que trazemos a alma vestida!)
Isso exige um estudo profundo,
Uma aprendizagem de desaprender
(...)
(Alberto Caeiro)

Ao começar meus estudos,
me agradou tanto o passo inicial,
a simples conscientização dos fatos,
as formas, o poder de movimento,
o mais pequeno inseto ou animal,
os sentidos, o dom de ver, o amor
– o passo inicial, torno a dizer,
me assustou tanto,
me agradou tanto,
que não foi fácil seguir adiante,
pois eu teria querido ficar ali
flanando o tempo todo, cantando aquilo
em cânticos extasiados.
(Walt Whitman)

O meu olhar é nítido como um girassol.
Tenho o costume de andar pelas estradas
Olhando para a direita e para a esquerda,
E de vez em quando olhando para trás...
E o que vejo a cada momento
É aquilo que nunca antes eu tinha visto,
E eu sei dar por isso muito bem...
Sei ter o pasmo essencial
Que tem uma criança se, ao nascer,
Reparasse que nascera deveras...
(...)
Creio no mundo como num malmequer,
Porque o vejo. Mas não penso nele
Porque pensar é não compreender...
O Mundo não se fez para pensarmos nele
(Pensar é estar doente dos olhos)
Mas para olharmos e estarmos de acordo...
(...)
(Alberto Caeiro)

* * *

➔ Vá passear num parque. Olhe bem de perto o tronco de uma árvore velha: há uma infinidade de coisas vivas morando lá: aranhas, formigas, joaninhas, pássaros – e muitas coisas verdes. Onde há árvores a vida fica feliz. Quando as árvores são cortadas, o sol bate no chão, o chão fica seco e as coisas vivas ficam esturricadas. Lugares secos, sem árvores, onde é difícil viver, se chamam desertos. Há, no meio do oceano Pacífico, muito longe de tudo, uma ilha chamada ilha da Páscoa. Ela é completamente deserta, sem árvores, sem vida. Mas em outros tempos ela foi habitada. Prova disso são esculturas enormes, de pedra, pesando várias toneladas, que se encontram lá. Se elas estão lá é porque houve homens que moravam lá e as fizeram. Isso quer dizer que houve um tempo em que a ilha era própria para a vida humana: tinha árvores, animais, pássaros. Os estudiosos que a estudaram dizem que era uma ilha coberta de florestas. Mas os seus habitantes, sem pensar no futuro, foram cortando as árvores, cortando, cortando... até que as árvores acabaram. E a ilha se transformou num deserto. E os homens morreram. Ainda hoje os homens têm a mania de cortar árvores, sem pensar no futuro. Pode ser que, no futuro, a floresta amazônica se transforme num deserto como o Saara. Então, o jeito será fazer esculturas de pedra no meio da areia, tal como fizeram os habitantes da ilha da Páscoa...

Conheci, na cidade de Manaus (procure Manaus no mapa), uma creche por nome "Creche Zezé Pio de Souza", dirigida pela professora dra. Martha Falcão. Ela é mais ou menos da minha idade, bióloga, apaixonada pela natureza. Biólogo é um cientista que só estuda as coisas vivas. Na creche que ela dirige, todas as pessoas se saúdam assim: "Viva a natureza!". Essa saudação exprime o que eles, professores, funcionários e crianças, mais desejam: a preservação da natureza. A Amazônia é um maravilhoso jardim! Uma floresta imensa, banhada por uma rede de rios, o gigantesco Amazonas no meio. A gente pensava que a floresta era eterna, que os rios eram eternos. Nunca teríamos falta d'água. Agora, por obra dos homens que não amam a natureza, que só amam o dinheiro, a floresta está sendo cortada e os rios estão secando. Mas naquela creche todos estão trabalhando para a preservação da vida. Cada criança, no início do ano, recebe um presente: uma semente de uma árvore da Amazônia, que ela deverá plantar e regar durante o ano. Ao final do ano, as sementes transformadas em arvorezinhas são plantadas pelas crianças em algum lugar. Vocês bem que poderiam fazer algo parecido. E que tal adotar a saudação que todos fazem, "Viva a natureza!"?

* * *

Aqui termina a nossa construção. Começou na sua casa. Está terminando na nossa Terra. Porque a Terra é a nossa grande casa, a casa das nossas casas. Se não cuidarmos da Terra, de que valerão as casas, por mais ricas que sejam? Uma casa rica num deserto sem árvores, sem pássaros, sem riachos? Num mundo assim, não vale a pena viver. É preciso lutar para que a natureza, nossa Terra, não morra.

"Viva a natureza!"

Sobre o autor

Rubem Alves gosta de contar estórias, especialmente para crianças. Nascido em Boa Esperança, no sul de Minas Gerais, é um dos mais importantes educadores brasileiros. Estudou Teologia e foi pastor até 1963. Tornou-se mestre em Teologia pelo Union Theological Seminary (Nova York, EUA) e doutorou-se em Filosofia pelo Princeton Theological Seminary. Foi professor por muitos anos e, no início dos anos 1980, tornou-se também psicanalista. Membro da Academia Campinense de Letras, possui mais de 50 obras publicadas em diversos idiomas. Publica, semanalmente, suas crônicas no jornal *Correio Popular*, além de ser colunista da *Folha de S.Paulo*.

Entre seus livros infantis, destacamos: *O passarinho engaiolado* e *Caindo na real: Cinderela e Chapeuzinho Vermelho para o tempo atual*, publicados pela Papirus Editora.

IMPRESSÃO E ACABAMENTO